财政行为对贫困治理的理论机理及其实证研究

毛 军 欧阳玲 著

中国财经出版传媒集团
中国财政经济出版社
北京

图书在版编目（CIP）数据

财政行为对贫困治理的理论机理及其实证研究／毛军，欧阳玲著．--北京：中国财政经济出版社，2023.10
ISBN 978－7－5223－1884－4

Ⅰ.①财…　Ⅱ.①毛…②欧…　Ⅲ.①财政经济－作用－扶贫－研究－中国　Ⅳ.①F126

中国国家版本馆 CIP 数据核字（2023）第 018374 号

责任编辑：彭　波　　　　责任印制：史大鹏
封面设计：卜建辰　　　　责任校对：胡永立

财政行为对贫困治理的理论机理及其实证研究
CAIZHENG XINGWEI DUI PINKUN ZHILI DE LILUN JILI JIQI SHIZHENG YANJIU

中国财政经济出版社 出版

URL：http：//www.cfeph.cn
E－mail：cfeph@cfeph.cn

社址：北京市海淀区阜成路甲 28 号　邮政编码：100142
营销中心电话：010－88191522
天猫网店：中国财政经济出版社旗舰店
网址：https：//zgczjjcbs.tmall.com
北京财经印刷厂印刷　各地新华书店经销
成品尺寸：170mm×240mm　16 开　13.5 印张　162 000 字
2023 年 10 月第 1 版　2023 年 10 月北京第 1 次印刷
定价：68.00 元
ISBN 978－7－5223－1884－4
（图书出现印装问题，本社负责调换，电话：010－88190548）
本社质量投诉电话：010－88190744
打击盗版举报热线：010－88191661　QQ：2242791300

前　言

农村贫困状况是由自然环境、制度、人力资本因素共同作用的结果，长期以来，城乡二元结构体制和薄弱的农村经济社会基础，造成了农村贫困人口多、分布广的基本格局。消除贫困、改善民生、实现共同富裕是社会主义的本质要求。本书依照“文献梳理—理论机制—现状分析—模型构建—实证研究—政策建议”的分析脉络展开。首先，综述了国内外关于财税政策与贫困治理的研究文献。其次，揭示财税政策与贫困治理的理论机制，构建财政分权、财政支出对贫困治理影响的理论模型。在现状分析上，梳理我国扶贫政策的发展历程，总结美国、日本、印度等国家贫困治理的财税政策经验；在实证分析上，分别采用空间面板分位数、空间半参数非线性 Durbin 模型、动态面板门槛计量模型等方法，考察财政支出、城乡收入差距、经济发展水平等因素对我国贫困治理的影响效应。最后，在测算现行财政扶贫资金绩效的基础上，结合现状分析和实证结果，提出优化贫困治理的财税政策改革路径。

本书共有八章内容。第一章“绪论”。本章主要是从研究背景和意义出发，对国内外关于税收政策、财政支出政策等因素与贫困治理的研究进行系统梳理，提出本书研究内容和框架构成，进而提出本书的创新点。第二章“财政行为影响贫困治理的理论与机制分析”。本章根据财税政策与贫困治理理论，分别论述财政分权对贫困治理、财政支出对贫困治理影响的作用机制；在此基础上，理论检验税收政策的经济稳定职能、资源配置职能和收入分配职能对贫困治理的影响，分析财政支出政策的经济增长职能对贫困治理的影响。第三章“我国扶贫现状及国外经验借鉴”。本章根据我国各地区贫困发生率进行分类，运用 Dagum 基尼系数分解方法测算我国贫困的地区差异；对我国扶贫政策的发展历程进行梳理，总结和借鉴美国、日本、印度等国家贫困治理的财税政策经验。第四章“财政支出对贫困治理的影响分析”。首先，本章采用空间半参数非线性 Durbin 模型，系统揭示财政支出与不同地域的城镇贫困和农村贫困的依赖条件及空间外溢路径；其次，本章运用修正的引力模型和空间关联网络法，测算出我国财政教育支出的空间关联关系，及其对农村减贫的空间效应；再次，建立模糊断点回归模型，研究财政转移支付对农民人均纯收入增长的影响；最后，通过空间半参数非线性 Durbin 模型构建和估计，对我国旅游减贫的空间外溢效应进行分析。第五章“收入分配差异对贫困治理的影响分析”。本章通过建立经济发展水平、收入分配政策和减贫的分析框架，就城乡收入差距对减贫的总体效应作出判断；构建动态面板门槛计量模型，探索在不同经济发展阶段，城乡收入差距对贫困治理的非线性影响效应。第六章“我国政府财政扶贫资金绩效评价”。本章构建财政扶贫资金绩效评价指标体系；运用非径向和非角度的方向性距离模型（SBM）测算我国财政扶贫资金绩效，并结合评价结果对改进路径进行探讨。第七章“优化贫困治理的财政改革路径设计”。本章根据实证分析结果，提出推进财政改革、优化我国农村贫困治理的财政行为建议。第八章“结论”。本章指出研究中存在的不足以及需要进一步深入研究的内容与方向。其中，第一章、第四章、第八章由毛军撰写，第二章、第三章、第五章、第六章、第七章由欧阳玲撰写。

本书得到海南省自然科学基金（720RC615）、海口市哲学社会科学规划课题（2021－ZCKT－24）、海南省教育科学“十三五”规划2020年度课题（QJY20201004）、教育部数据科学与智慧教育重点实验室、海南省计算科学与应用重点实验室的资助。由于水平有限，书中尚存在一些不足，敬请读者批评指正。

作　者

2022年3月

目　录

财政行为对贫困
治理的理论机理
及其实证研究
Chapter 1

第一章 绪 论

第一节　研究背景及意义

一、研究背景

农村贫困状况是由自然环境、制度、人力资本因素共同作用的结果，长期以来，城乡二元结构体制和薄弱的农村经济社会基础，造成了农村贫困人口多、分布广的基本格局。消除贫困、改善民生、实现共同富裕是社会主义的本质要求。《中国农村扶贫开发纲要（2011～2020年）》提出："改善贫困地区农田水利基础设施、普及基础教育、健全医疗卫生服务、解决饮水安全、提高通车率、完善社会保障等方面的目标。"《国民经济和社会发展第十三个五年规划纲要》提出："加大中央和省级财政扶贫投入，整合各类扶贫资源，拓宽资金来源渠道。"2001年以来，我国中央财政扶贫资金有了显著的增加，从2001年的100亿元增加到2019年的1260.95亿元（见图1.1）。

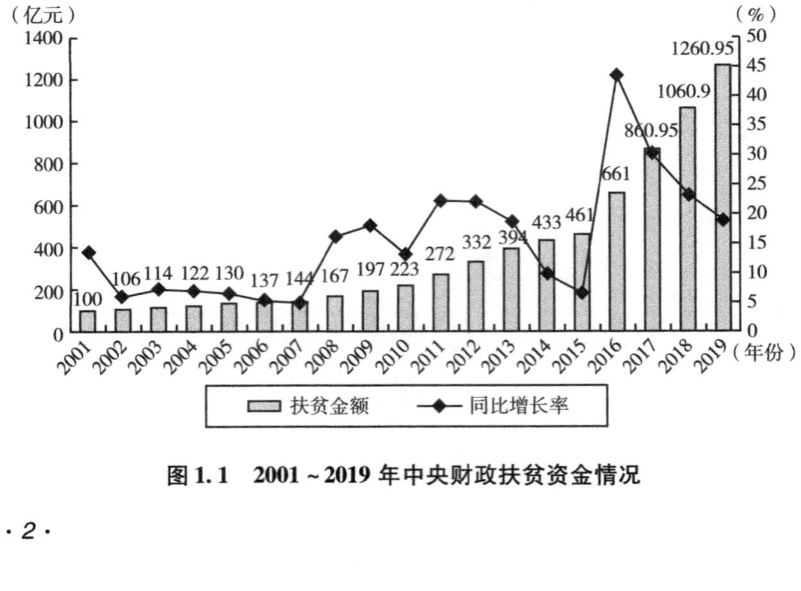

图1.1　2001～2019年中央财政扶贫资金情况

财政扶贫是贫困治理的重要手段，是围绕改善贫困地区的物质基础和就业机会等目标，通过为贫困地区种植业、养殖业、修建农田水利、道路交通等公共设施等以及为贫困人口提供教育、医疗卫生等公共服务等提供资金支持，从而能够有效提高贫困地区和贫困居民收入水平，缓解贫困。通过长期的努力，我国贫困人口从2000年的46224万人减少到2019年的551万人。然而，由于城镇与农村居民收入水平的扩大，加上财政扶贫资金存在效率缺失问题，“贫困—低效率—低产出—低收入”的恶性贫困循环依旧难以打破，直接影响了扶贫资金效果与作用的充分发挥。财政扶贫资金作为公共产品，能够有效提高城乡一体化协调发展水平、弥补市场“失灵”现象，缩小城乡收入差距，促进经济增长。但财政行为及财政扶贫政策实施的效果程度值得我们关注（见图1.2）。

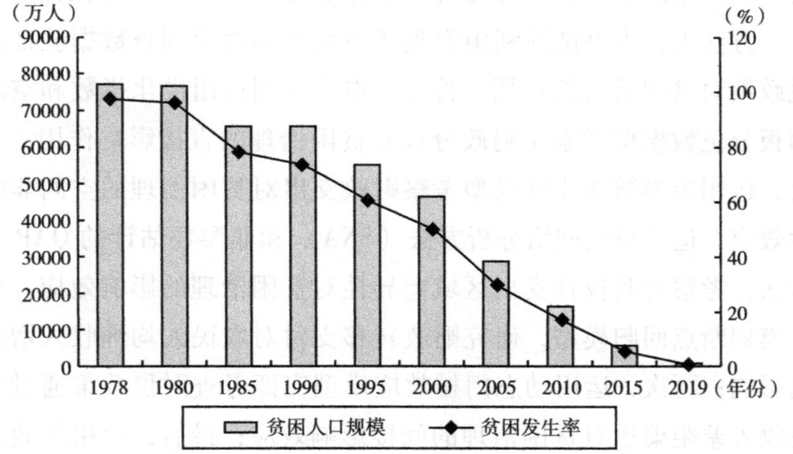

图1.2 1978~2019年我国贫困情况

二、研究意义

我国贫困是由地区自然环境、制度、人力资本因素导致的结果，而财政行为、经济增长与贫困治理之间存在着相互作用的复杂关系，因此，本书将在理论上研究探讨财政行为、经济增长与贫困治理的关系，测算财政行为对贫困治理产生的影响效应，论述财政行为对贫困治理的直接作用和间接作用，基于以上问题提出本书的研究目标。

理论上，构建财政分权、财政支出与贫困治理关系之间的理论模型。本书分析财税政策的经济稳定职能、资源配置职能和收入分配职能对贫困治理的影响，在此基础上，根据我国各地区贫困发生率进行分类，运用 Dagum 基尼系数分解方法测算我国贫困的地区差异，总结我国致贫原因和减贫因素，进而为我国财税政策对贫困治理影响效应进行系统分析；然后对我国扶贫政策的发展历程进行梳理，总结和借鉴美国、日本、印度等国家贫困治理的财税政策经验，从而为我国政府制订减贫政策提供理论依据。

方法上，本书试图利用宏观经济数据和微观调查数据验证财税政策对贫困治理的作用。首先，本书分别运用极化指数和空间面板分位数模型考察了财政分权对贫困治理的直接影响作用；其次，运用半参数非线性模型考察财政支出对贫困治理的空间非线性效应，运用空间网络分析方法（SNA）和非参数估计的 QAP 分析法，考察财政教育支出区域差异性对贫困治理的影响效应，建立模糊断点回归模型，研究财政转移支付对农民人均纯收入增长的影响；再次，运用动态门槛效应模型实证考查财税政策通过居民收入差距渠道对贫困治理的间接影响效应；最后，运用绩效评价模型，测算出我国各地区财政扶贫资金绩效水平，用于评价财政扶贫投入与产出、效率是否实现匹配，为构建财政扶贫资金提供科学决策依据。

实践上，在梳理我国财政扶贫政策的基础上，掌握财政扶贫对贫困治理的现实影响，设计合理的税收优惠政策、财政支出政策、收入分配政策，为引导社会参与、完善市场化机制、实行精准扶贫机制、建立区域联动协调机制等方面，提供贫困治理的政策体系和具体路径。

第二节 研究综述

经济增长是减少贫困的必要条件（Ravallion and Datt，2002；Kraay，2006；汪三贵，2008；Dollar et al.，2016）[1-4]。福利经济学理论认为，国家在发展经济的同时，通过收入分配增加贫困地区和贫困居民的收入水平，进而提升社会经济福利的公平化（Arndt et al.，2010）[5]。人力资本理论则认为，人力资本的投入能够有效促进经济增长，进而对贫困治理产生积极作用（Agénor，2008；程名望等，2014；祝建华，2016；马文武和杨少垒，2017）[6-9]。实施财政扶贫政策对我国贫困治理具有重要的作用，能够有效缓解我国区域性贫困，也是本书研究所关注的主要问题。

一、税收政策与贫困治理

税收政策具有收入功能和调节功能的作用，税收扶贫政策可以降低贫困地区和贫困居民税收负担和生活成本，从而达到促进收入公平分配、缩小贫富差距的目的（岳希明，2012）[10]。税收可以通过所得税和财产税等产生直接调节作用，通过流转税等产生间接调节作用。税收扶贫政策能够有效改进现有税制不公、促进贫困人口增收，惠及更广泛的贫困人群（韩秀兰和李宝卿，2011）[11]。其中，在农业税费方面，周艳和王嫚（2019）[12]认为，取消农业税的税收负担，能够有效提高农民收入；在消费税方面，取消对生活必需品和生产资料征税，引导消费方向，能在一定程度上缓解社会分配不公，实现从商品和服务等方面达到“劫富济贫”的目的。

2006 年，我国政府全面取消农业税。以间接税为主体的税制是我国现阶段的税收制度（赵子乐和黄少安，2013）[13]。2018 年 5 月出台的《支持脱贫攻坚税收优惠政策指引》，包括基础设施建设、创业就业活动、普惠金融发展、农业产业发展、贫困地区发展以及扶贫捐赠等，是实现贫困治理的税收优惠政策（缪陆军，2019）[14]。我国现行贫困治理的税收优惠政策包括增值税、所得税等主要税种；同时，以免税和减税等两种方式为主，以退税税前扣除等为辅的税收优惠方式（孙开和金哲，2012）[15]。2019 年，我国在“营改增”的背景下，发现减税降费能够更加有效地惠及贫困地区和贫困居民（李丹和李梦瑶 2020）[18]。此外，张慧芳和雷咸胜（2017）[16]研究发现，农业保险公司会因政府税收优惠政策而积极为社会和个人提供农业生产保险，从而提高贫困地区和贫困居民的参与度，提升农业人口收入水平。

目前，我国贫困治理的税收优惠政策存在以下两个方面的不足：（1）由于目前此类税收优惠政策较为零碎，加上我国地方政府没有税收征收权，地方政府筹资扶贫资金具有较大困难，税收优惠政策难以形成规模效应和激励效应（徐建炜等，2013）[17]。现行税收扶贫政策采用税收优惠措施，对贫困地区和贫困居民实行相应税种的减免，却缺乏针对西部地区和贫困地区所制定的区域性税收优惠政策，难以实现由于地理位置、自然环境等因素所造成的贫困问题，制约了税收扶贫政策对贫困地区整体脱贫效用（刁小琴，2017）[18]。（2）缺乏针对扶贫项目的专项税收优惠政策（周艳，2018）[19]。贫困地区需要发展产业，贫困企业要实现自主创业，扶贫项目需要具有针对性的税收优惠政策，否则难以实现产业扶贫资金建设的有效性，抑制着扶贫项目以及扶贫企业的快速发展（王晓红，2020）[20]。

我国贫困治理的税收优惠政策需要改进的方向：（1）扩大贫

困治理的税收优惠覆盖面（杨颖，2013）[21]。王伟域和陈斌才（2018）[22]认为，税收是政府扶贫攻坚的重要手段，对地区贫困治理具有重要作用。为此，我国政府需要拓展税源和提高税收能力（胡冰川，2019）[23]。此外，国家应为贫困地区建设农村基础设施的企业，实行税收减免政策（李丹、裴育，2019）[24]；为贫困地区提供就业岗位，实行产业扶贫专项资金（姚林香，2019）[25]。(2) 通过财政返还机制给贫困地区进行税收返还（张楠等，2019）[26]。

二、财政支出政策与贫困治理

国家可以通过财政支出政策，优化和调整贫困地区自然、社会和经济等资源配置，有效提高贫困地区收入水平和促进居民福利水平，推动贫困地区经济可持续发展，达到贫困治理的目的（Gittell，2010）[27]。然而，不同财政支出政策的贫困治理效果会存在差异性特征（Khaledi et al.，2008；Lal and Sharma，2009）[28-29]。

（一）财政支出规模对贫困治理的影响作用

我国的贫困问题主要为农村贫困，政府财政扶贫资金的投入能够有效改善地区农业发展，进而促进贫困地区经济发展，改善贫困地区可持续发展能力（刘冬梅，2001，章奇等，2007；朱迎春，2013）[30-32]。Huang 等（1997）[33]利用供给函数分析发现，财政支出能够增加大米和其他谷物产量。此外，财政支出能够提高贫困地区道路投资，增加贫困治理效用（Rivera and Conchada，2013；李实等，2016）[34-35]。王艺明和刘志红（2016）[36]运用反事实的政策效应评估方法，发现减贫政策效应具有滞后性。

在政府财政支出减贫过程中，Emmanuel 和 Maro（2008）[37]分析认为财政支出能够通过“输血式”方式有效提高贫困治理作用和降低地区贫困率。"输血式"方式主要指政策性补贴和社会救助等方式，为贫困地区和贫困居民提供资金和公共服务，提高贫困地区和贫困居民的生活水平（张川川等，2015；杨怀宏，2015）[38-39]。此外，王蓉（2001）[40]认为，"输血式"的财政扶贫，容易造成贫困地区和贫困居民产生惰性行为，降低贫困地区和贫困居民生产积极性，进而导致财政扶贫资金投入越多，贫困现象越为严重。"造血式"方式通过为贫困地区和贫困居民提供资金和资源的有利条件，结合贫困地区和贫困居民的现实需求和发展方向，引导贫困地区和贫困居民提高生产力，从而获得发展能力和生活资源（魏众和古斯塔夫森，2005）[41]。陈卫洪和谢晓英（2013）[42]指出，"造血式"扶贫模式通过财政扶贫资金投入，为贫困地区和贫困居民的基础设施、教育、医疗等方面进行加大投入，如项目开发和技能培训等方面，改善贫困地区的生产条件，提高贫困居民改进生产方式和劳动技能，为贫困地区和贫困居民创造有利条件。此外，"造血式"扶贫模式能够有效提高贫困居民劳动生产率，增强贫困地区的增收能力和产出水平（Jung et al.，2015）[43]。解垩和宋颜群（2020）[44]认为，提高贫困地区和贫困居民的"造血"能力，是切实缓解贫困问题的重要途径。

（二）财政支付模式对贫困治理的影响作用

财政转移支付是以各级政府之间所存在的财政能力差异为基础，以实现各地公共服务水平的均等化为主旨，而实行的一种财政资金转移或财政平衡制度。转移支付的模式主要有三种：一是自上而下的纵向转移；二是横向转移；三是纵向与横向转移的混合。我国中央财政对地方财政的转移支付包括财力性转移支付、专项转移支付、税收返还及体制补助四种方式。

财政转移支付是指政府对地区实行农业补助、公共设施建设等财政支出（卢盛峰等，2018；陈国强等，2018）[49-50]。关于财政转移支付对贫困治理的研究主要得出以下四个方面结论：（1）财政转移支付有利于贫困治理。在财政转移支付中，针对贫困地区和贫困人口的财政补助支出，可以有效降低地区间和居民间的收入不平等，进而缓解贫困（Imai，2011；Alkire and Foster，2011）[51-52]。此外，专项转移支付比一般性转移支付更加有利于贫困治理（Gertler et al.，2012；李丹和李梦瑶，2020）[53-54]。（2）财政转移支付对贫困治理的影响作用并不显著（钟春平等，2013；房连泉，2016）[55-56]。现祥和徐俊武（2009）[57]、Hwang（2016）[58]研究认为，财政转移支付没有形成有效激励作用，容易造成长期贫困问题。（3）财政转移支付不利于贫困治理。卢盛峰和卢洪友（2013）[59]、Notten（2016）[60]研究发现，财政转移支付拉大了地区间和居民间的收入差距，进而对贫困治理产生挤出效应。（4）财政转移支付对贫困治理存在区域差异（徐超和李林木，2017）[61]。卢洪友和杜亦譞（2019）[62]研究发现，贫困地区与其他地区之间的财政转移支付会产生有差异性的减贫效应。郑晓冬等（2019）[63]、李晓嘉等（2019）[64]研究发现，财政转移支付对农村地区的减贫效应要高于城镇地区。

（三）财政支出结构对贫困治理的影响作用

政府间政绩考核制度的竞争，导致地方政府倾向于提高生产性支出，而非生产性支出相对较少（毛捷等，2012；张鹏飞，2019）[45-46]。财政支出结构不合理导致贫困地区收入再分配问题（刘明慧和侯雅楠，2017；刘明慧和章润兰，2020）[47-48]。本书主要从社会保障支出、财政支农支出、医疗卫生支出和其他财政支出等维度展开。

1. 社会保障支出

社会保障支出是指政府对地区实行社会救助等财政支出（都阳和Park，2007；郭劲光和孙浩，2019）[65-66]。研究者主要运用双重差分、断点回归、Probit 模型等方法，研究社会保障支出对贫困治理的影响作用。社会保障支出能够通过收入再分配和分摊社会风险，对贫困地区和贫困居民实现减贫（杨良松等，2020）[67]。现有关于社会保障支出的减贫效应研究主要得出以下三个方面结论：（1）社会保障支出有利于贫困治理。社会保障支出具有再分配功能，能够有效调节地区间和居民间的收入差距，降低贫困地区数量和贫困发生率（曹艳春，2016）[68]。黄薇（2017）[69]研究认为，社会救助与政府救助等社会保障支出，能够有效满足贫困地区和贫困居民的基本生活需求。刘一伟（2017）[70]、李伊和吴浩（2019）[71]研究认为，福利性支付能够直接提高参保人员收入，从而降低产生贫困的可能性。此外，社会保障支出能够有效分摊贫困地区和贫困居民面临风险时所需要筹备的资金，从而避免陷入贫困“陷阱”中（赵曦等，2009；黄薇，2019）[72-73]。（2）社会保障支出对贫困治理的影响作用并不显著（黄清峰，2013；乐章和刘二鹏，2016）[74-75]。解垩（2015）[76]研究认为，社会保障政策和机制会影响社会保障支出的减贫效果。（3）社会保障支出不利于贫困治理。陈宗胜等（2013）[77]、王金营和杨茜（2014）[78]、刘一伟和汪润泉（2017）[79]研究认为，我国社会保障支出拉大了地区间和居民间的收入差距，导致我国相对贫困日趋恶化。

2. 财政支农支出

财政支农支出是指政府对地区实行农业生产资料和服务等财政支出（王宇伟和范从来，2019）[80]。研究者主要运用构建面板平滑转换模型、门槛模型等方法，研究财政支农支出对贫困治理的影响作用（刘俊英，2017）[81]。目前，关于财政支农支出的减贫效应研究主要得出以下两个方面结论：（1）财政支农支出有利于贫困治理。财政支农支出包括农业补贴、农业基本建设支出、农业科技支出和农村救济费支出（Udofia and Essang，2015）[82]。农业补贴能够降低农业生产成本，提高农业生产总值和农业生产效率（贾俊雪等，2017）[83]。农业基本建设支出能够保障农村地区居民的农业生产物质基础（苑梅，2019）[84]。农业科技支出是政府为农业科技事业而设立的财政专项支出，能够有效提高农村劳动生产力和农产品质量（高齐圣和王秋苏，2019）[85]。农村救济费支出指主要用于防御农业生产灾害的财政专项支出（聂军等，2020）[86]。此外，李静等（2019）[87]、邹文杰等（2019）[88]研究发现，我国财政支农支出存在结构效应，社会性支农支出比生产性支农支出的减贫效果更好。（2）财政支农支出对贫困治理的影响作用并不显著（吕炜和刘畅，2010；张运书和李玉文，2018）[89-90]。高云虹和刘强（2011）[91]、盛文霞等（2017）[92]研究认为，财政支农政策不力和执行效率低是财政支农支出减贫作用不显著的主要原因。

3. 医疗卫生支出

医疗卫生支出是指政府对地区实行公共卫生服务和公费医疗等财政支出（Sommers，2013；Asadullah et al.，2014）[93-94]。目前，关于医疗卫生支出的减贫效应研究主要得出以下两个方面结论：（1）医疗卫生支出有利于贫困治理（李华和俞卫，2013；郑喜洋和申曙光，2019）[95-96]。Mcintyre 等（2017）[97]、刘子宁等（2019）[98]研究认为，政府通常会通过医疗卫生支出提高医疗保险的参保率及降低逆向选择，降低疾病对家庭带来的经济风险与冲击，医疗卫生支出在解决贫困问题上具有良好的政策效应，且减贫作用随着时间累积增强。（2）医疗卫生支出对贫困治理的影响作用并不显著（Hamid et al.，2011；周钦等，2016）[99-100]。其主要原因包括效果实现的长期性（郭君平等，2017；Alkire et al.，2017）[101-102]、瞄准机制差（Zheng et al.，2019；李静，2019）[103-104]、资金效率低下（Li et al.，2019；周坚等，2019）[105-106]。

4. 其他财政支出

一是教育财政支出。Rolleston（2011）[107]、林迪珊等（2016）[108]

研究认为，教育财政支出能够对贫困治理产生积极作用。蔡文伯和翟柳淅（2018）[109]、陈志钢等（2019）[110]研究发现，教育财政支出的减贫效应具有空间异质性和门槛效应。

二是基础设施支出。李慧玲和徐妍（2016）[111]、Chotia 等（2017）[112]、谢申祥等（2018）[113]、和立道等（2018）[114]研究认为，基础设施中的公共交通支出能够有效提高农民收入水平。Arma 等（2018）[115]则研究认为，基础设施支出具有复杂性，减贫效应并不明显。

三是环境保护支出。Wang 等（2017）[116]、何秀荣（2018）[117]研究认为，环境保护支出能够使贫困地区和贫困居民获得相应收入。吴乐等（2017）[118]、余守文和蒋昆（2019）[119]研究认为，环境保护支出对贫困地区和贫困居民作用并不明显。

三、收入分配政策与贫困治理

1. 经济增长与贫困治理

经济增长存在减贫效应。经济增长是治理贫困的重要方式（Dollar et al.，2002）[120]。经济增长能够解决 70% 的短暂性贫困和解决 95% 的持续性贫困（Liu et al.，2017）[121]。经济增长对贫困治理的影响作用体现在以下两个方面：（1）经济增长对贫困治理具有“涓滴”效应。经济增长能够为贫困地区和贫困居民提供就业机会和社会福利，从而提高收入水平，改善生活条件（张卫国等，2017）[122]。（2）经济增长能够有效提高地方政府财政收入，从而使得更多的转移支付来支持贫困地区和贫困居民（郑秀峰和朱一鸣，2019）[123]。然而，张国建等（2019）[124]、方迎风（2019）[125]研究认为，经济增长对贫困治理的作用呈现出边际递减的态势。究其原因，郭远智等（2019）[126]、周扬和童春阳（2019）[127]研究认为，我国贫困正在从绝对性贫困向相对性贫困转变。

2. 收入差距与贫困治理

经济增长是贫困治理的必要非充分条件（Datt and Ravallion，1992；刘成奎等，2019；叶慧和刘玢彤，2020）[128-130]。经济增长并不能完全实现贫困治理的作用，经济增长质量要比速度和数量更加有效地实现减贫效果（Meng，2013；刘祖云，2020）[131-132]。研究者发现，经济增长能够使得地区间和居民间收入差距不断扩大不利于贫困治理（张永丽和宋健，2017；Guo et al.，2018；卢盛峰等，2020）[133-135]。“增长—收入分配—贫困治理”模型得以广泛应用，收入分配对贫困治理同样具有重要作用（王忠，2017；杜为公和王静，2017；张学鹏和孙明雨，2020）[136-138]。具体而言，经济增长使得收入差距扩大，经济增长不能公平分配给贫困地区和贫困居民，形成贫困化增加，经济增长的“涓滴”效应和溢出效应被收入差距所抵消，进而影响贫困治理的实施效果（李婷婷等，2016；刘一伟，2018；于乐荣和李小云，2019；左孝凡等，2020）[139-142]。因此，在经济增长的同时，适当控制地区间和居民间的收入差距，才能更好地实现贫困治理目的（于涛，2019；郑长德和陈田，2019；孙伯驰和曹景林，2020；宋文飞和韩先锋，2020）[143-146]。

四、其他影响因素与贫困治理

影响贫困治理因素还包括外商投资、产业结构、金融发展、社会资本、城镇化、旅游业、基础交通设施和自然地理环境。

（1）外商投资方面。Agénor（2004）[147]认为，外商投资的减贫效应核心在于增加国内就业机会和劳动力需求，提高国内人力资本、收入水平和生活水平，为贫困居民提供合理报酬和降低贫困发生率（Besley and Burgess，2003；Zhang，2006；张全红和张建华，

2007；Gohou and Soumaré，2012；陈俊聪和张瑾，2018）[148-152]。另外，研究者认为外商投资对贫困治理呈现出倒“U”形的非线性关系（陈立中和张迪，2009；李小云等，2010）[153-154]，意味着在不同的经济发展阶段，外商投资对贫困治理的影响效应会有所不同（葛顺奇等，2016；范娇娇等，2020）[155-156]。此外，外商投资的减贫效应具有区域依赖性：对沿海地区的作用要远远高于内陆地区，对城镇地区的作用要远远高于农村地区（郭熙保和罗知，2008；刘渝琳和林永强，2011；陈思宇和陈斌开，2020；王汉杰等，2020）[157-160]。

（2）产业结构方面。张凤华和叶初升（2011）[161]、冯铁拴（2018）[162]对比分析研究表明，在经济发展的不同时期，三大产业对农村贫困治理的影响效应是有所差别的。究其原因，汪三贵和胡联（2014）[163]、单德朋等（2017）[164]、谭昶等（2019）[165]认为，产业的劳动力密集程度影响着产业减贫效应的大小；张萃（2011）[166]、贺海波（2020）[167]认为，产业劳动力密集度和不同行业对劳动力技能需求存在异质性，第一产业和第三产业对贫困治理产生积极作用，第二产业对贫困治理的影响并不明显；黄承伟和覃志敏（2013）[168]、张秀萍等（2020）[169]认为，城乡统筹发展下政府在贫困地区产业化扶贫机制中具有重要的作用。

（3）金融发展方面。Beck 等（2007）[170]、杨俊等（2008）[171]、苏基溶和廖进中（2009）[172]研究发现，金融发展能够给贫困地区和贫困居民带来红利，有利于提高贫困地区和贫困居民的收入水平，缩小城乡间收入分配不平等问题。丁志国等（2011）[173]、林建和廖杉杉（2014）[174]、姚耀军和李明珠（2014）[175]、马彧菲和杜朝运（2017）[176]、刘金全和毕振豫（2019）[177]、王汉杰等（2020）[178]研究表明，金融发展对贫困地区的积极效应要显著高于经济增长。在金融减贫效应的方式上，崔艳娟和孙刚（2012）[179]、车树林和顾江（2017）[180]、韩晓宇（2017）[181]研究发现，政府可以通过金融机构采用扶贫贴息贷款管理模式，惠及贫困地区和贫困居民。师荣蓉等（2013）[182]、罗斯丹等（2016）[183]、王汉杰等（2018）[184]、谭燕芝和彭千芮（2019）[185]认为，金融发展对贫困治理具有显著的门槛特征，金融发展会随着人均收入的增加，对贫困治理呈现隐性累积效应、显性加速效应和隐性减速效应特征。此外，吴本健（2014）[186]研究发现，金融发展在非农产业占比较高的地区更加容易加剧居民贫富差距问题。傅鹏和张鹏（2016）[187]、龚沁宜和成学真（2018）[188]、顾宁和张甜（2019）[189]研究发现，金融发展对贫困治理的效果并不明显。朱一鸣和王伟（2017）[190]、王仁祥和王婧（2017）[191]、傅鹏等（2018）[192]研究发现，金融发展对贫困治理在不同群体之间存在差异性，对非贫困县的影响作用较为明显。张兵和翁辰（2015）[193]、傅鹏和张鹏（2016）[194]、谭燕芝和彭千芮（2017）[195]、王爱萍等（2020）[196]研究发现，金融发展能够通过空间溢出效应显著降低邻近地区的贫困发生率。

（4）社会资本方面。梁柠欣（2009）[197]、唐红涛等（2018）[198]、韩佳丽（2019）[199]认为社会资本、人力资本和体制资本构成了贫困居民具有的资本，而贫困居民的社会资本对缓解贫困产生积极作用，而人力资本和体制资本没有明显作用。叶初升和罗连发（2011）[200]、刘欢（2017）[201]、陶爱萍等（2019）[202]研究表明，由于贫困地区物质资本和人力资本均较为落后，社会资本能够有效改善贫困居民福利，减轻贫困。罗连发和叶初升（2015）[203]、熊雪等（2017）[204]、李晓嘉和蒋承（2018）[205]通过仿真研究发现，贫困居民在技术采用上具有资产门槛效应。

（5）城镇化方面。Henderson（2003）[206]、Shahbaz（2010）[207]、戈大专等（2016）[208]研究认为，城镇化发展有利于贫困治理。崔艳娟（2014）[209]研究认为，城镇化能够促进农村劳动力转移，从而为贫困地区和贫困居民提供更多的就业机会。李萌和杨龙（2014）[210]、王玉玲和程瑜（2019）[211]则认为，城镇化对贫困治理的效果并不显著。究其原因，贫困地区容易陷入边缘化的风险中。崔万田和何春（2018）[212]、何春和刘荣增（2019）[213]研究发现，城镇化与贫困治理之间存在“U”形关系：城镇化发展初期有利于贫困治理，城镇化发展后期不利于贫困治理。此外，何春和崔万田（2017）[214]、何春和崔万田（2017）[215]、张博胜和杨子生（2020）[216]研究发现，城镇化对贫困治理存在空间溢出效应。

（6）旅游业方面。Scheyvens 和 Russell（2012）[217]、Spencele 和 Meyer（2012）[218]、Mekawy（2015）[219]研究认为，旅游业能够有效提高贫困治理水平，包括增加居民收入（Croes and Vanegas，2008；Vanegas et al.，2015；赵磊和吴媛，2018）[220-222]、提供居民就业机会（Kim et al.，2016；Croes and Rivera，2017；孟秋莉，2018）[223-225]、产业关联发展（Saayman et al.，2012；Mahadevan et al.，2017；郭华和杨玉香，2020）[226-228]。然而，旅游业发展会带来收入分配的不平等现象（王凯等，2020）[229]。旅游业发展与贫困发生率呈现出“U”形关系（郭鲁芳和李如友，2016；赵磊和张晨，2018；赵磊和张晨，2018）[230-232]。

（7）基础交通设施方面。鞠晴江和庞敏（2006）[233]、郭劲光和高静美（2009）[234]、Juant 和 Danierl（2012）[235]研究认为，基础交通设施与贫困治理间存在密切关系。王武林等（2016）[236]、戢晓峰和刘丁硕（2018）[237]、谢申祥等（2018）[238]研究认为，提高基础交通设施便利度，有利于推动经济发展，进而有助于贫困治理。侯秀英等（2019）[239]、兰峰等（2019）[240]、王建康等（2020）[241]研究认为，便利的交通基础设施能够使生产要素自由流通，实现地区间协调发展。

（8）自然地理环境方面。贫困地区由于地理位置等原因，打破阻碍需要付出高昂的成本，这些因素会导致经济无法增长，贫困无法改善，从而陷入区域性“贫困陷阱”（王丽华，2011a；王丽华，2011b）[242-243]。曲玮等（2012）[244]、单德朋等（2015）[245]

认为地理因素的外部性是导致地区贫困差异的原因。

五、文献评述

目前，关于财政扶贫和贫困治理问题的研究风险包括：一方面，我国贫困现象具有明显的区域分布特征（Minot and Baulch，2005；Kam et al.，2005；Armarasinghe et al.，2005；李绍平等，2018）[246-249]，贫困地区和贫困居民大多集聚在偏远的西部地区，且与资源禀赋和地理环境等因素息息相关（Adeola and Awoyemi，2010；Lanjouw et al.，2013；袁媛等，2016；赖小妹和徐明，2018）[250-253]。另一方面，Crandall 和 Weber（2004）[254]、Palmer-jones 和 Sen（2006）[255]、苏畅（2018）[256]、汪德根等（2020）[257]研究发现，我国贫困在区域间具有空间溢出效应，地区贫困受到相邻地区影响发生同方向变动，需要实施区域性贫困协调治理，才能有效实现减少贫困的目的。沈能和赵增耀（2012）[258]、Zewdie 等（2015）[259]、廖桂蓉和盛伟（2015）[260]、盛伟和廖桂蓉（2019）[261]、范子英和高跃光（2019）[262]、杨振山和荆瑛（2020）[263]同样得出类似结论。

关于财税政策与贫困治理的现有研究中，文献较为系统地考察和检验了财税政策与贫困治理的关系。研究者大多认同政府干预市场的凯恩斯主义学派理论，政府无法解决“市场失灵”问题而直接影响贫困效果。因此，本书将在归纳财税政策与贫困治理问题的基础上，通过构建理论模型、收集数据与实证检验等方式，全面论证财税政策与贫困治理的影响作用。具体而言，研究包括财政分权、财政支出对贫困治理的直接作用；财税政策通过经济增长的“涓滴效应”和收入分配的“反向倒逼效应”对贫困治理的间接作用，最终提出贫困治理财税改革的优化路径。

第三节　研究内容与框架

一、研究内容

本书主要包括以下八章内容：

第一章“绪论”。本章主要从研究背景和意义出发，对国内外关于税收政策、财政支出政策等因素与贫困治理的研究进行系统梳理，提出本书的研究内容和框架构成，进而提出本书的创新点。

第二章“财政行为影响贫困治理的理论与机制分析”。本章根据财税政策与贫困治理理论，分别论述财政分权对贫困治理、财政支出对贫困治理影响的作用机制；在此基础上，本章理论检验税收政策的经济稳定职能、资源配置职能和收入分配职能对贫困治理的影响，分析财政支出政策的经济增长职能对贫困治理的影响。

第三章“我国扶贫现状及国外经验借鉴”。根据我国各地区贫困发生率进行分类，本章运用 Dagum 基尼系数分解方法测算我国贫困的地区差异；然后，对我国扶贫政策的发展历程进行梳理，总结和借鉴美国、日本、印度等国家贫困治理的财税政策经验。

第四章“财政支出对贫困治理的影响分析”。首先，本章采用空间半参数非线性 Durbin 模型，系统揭示财政支出与不同地域的城镇贫困和农村贫困的依赖条件及空间外溢路径；其次，本章运用修正的引力模型和空间关联网络法，测算出我国财政教育支出的空间关联关系，以及其对农村减贫的空间效应；再次，建立模糊断点回归模型，研究财政转移支付对农民人均纯收入增长的影响；最后，通过空间半参数非线性 Durbin 模型构建和估计，对我国旅游减贫的空间外溢效应进行分析。

第五章“收入分配差异对贫困治理的影响分析”。本章通过建立经济发展水平、收入分配政策和减贫的分析框架，就城乡收入差距对减贫的总体效应作出判断；构建动态面板门槛计量模型，探索在不同经济发展阶段，城乡收入差距对贫困治理的非线性影响效应。

第六章“我国政府财政扶贫资金绩效评价”。本章构建财政扶贫资金绩效评价指标体系；运用非径向和非角度的方向性距离模型（SBM）测算我国财政扶贫资金绩效，并结合评价结果对改进路径进行探讨。

第七章“优化贫困治理的财政改革路径设计”。本章根据实证分析结果，提出推进财政改革、优化我国农村贫困治理的财政行为建议。

第八章“结论”。本章指出研究中存在的不足以及需要进一步深入研究的内容与方向。

二、框架

本书依照“文献梳理—理论机制—现状分析—模型构建—实证研究—政策建议”的分析脉络展开。首先，综述了国内外关于财税政策与贫困治理的研究文献。其次，揭示财税政策与贫困治理的理论机制，构建财政分权、财政支出对贫困治理影响的理论模型。在现状分析上，梳理我国扶贫政策的发展历程，总结美国、日本、印度等国家贫困治理的财税政策经验；在实证分析上，分别采用空间面板分位数、空间半参数非线性 Durbin 模型、动态面板门槛计量模型等方法，考察财政分权、财政支出、城乡收入差距、经济发展水平等因素对我国贫困治理的影响效应。最后，在测算现行财政扶贫资金绩效的基础上，结合现状分析和实证结果，提出优化贫困治理的财税政策改革路径。本书的研究思路框架如

图 1.3 所示。

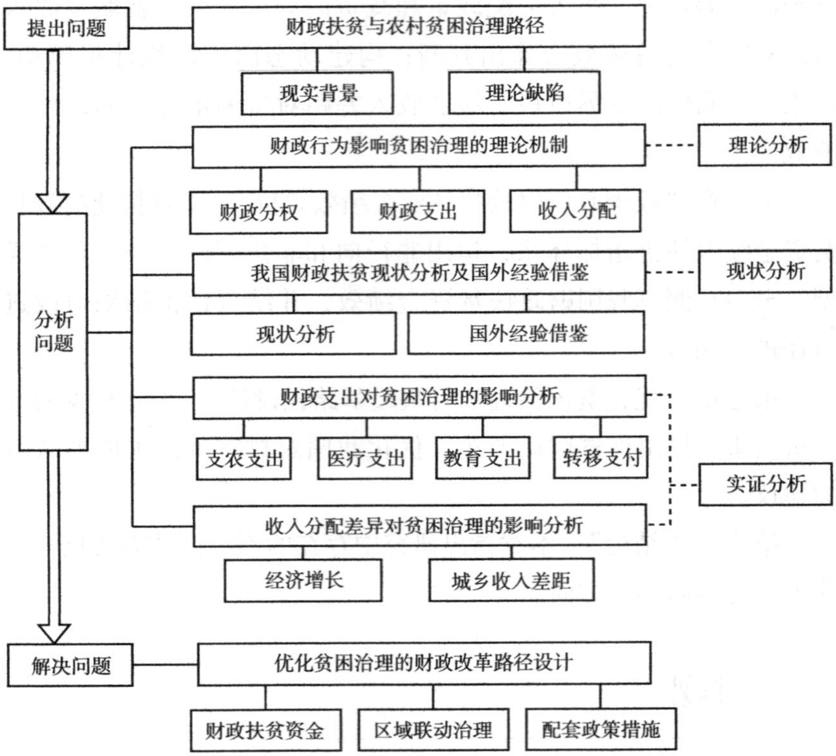

图 1.3　本书的研究技术路线

第四节　研究创新

本书从财政分权、财政支出、城乡收入差距、经济发展等因素出发，探讨财税政策对贫困治理的影响，并对影响效应进行空间异质性和非线性关系等进行多维度分析，扩展目前关于财税政策与贫困治理影响相关研究内容。本书的研究有以下四个方面创新点。

第一，关于财政行为对贫困治理的理论机制分析，现有文献大多从宏观角度研究财税政策与贫困治理的关系，对空间异质性和非线性关系研究较少。为此，本书运用 Dagum 基尼系数分解方法测算我国贫困的地区差异，构建财政分权、财政支出与贫困治理关系之间的理论模型，本书将尝试拓展理论分析。

第二，现有文献对财政支出的减贫效应是否存在非线性关系及空间异质性问题仍有待进一步的研究。本书试图在考察财政支出与贫困减缓影响关系时，加入空间非线性效应因素，拓展已有的分析视野。有鉴于此，首先，本书采用非线性 Granger 因果模型对财政支出与城镇贫困和农村贫困进行了实证检验，提出进行非线性关系探索的必要性。其次，本书运用时空地理加权模型（GT-WR）检验我国财政支出与城镇贫困和农村贫困的空间异质性特征，提出进行空间溢出效应检验分析的必要性。最后，通过空间半参数非线性 Durbin 模型构建和估计，较为系统地考察财政支出对城镇贫困和农村贫困的复杂影响，揭示财政支出与城镇贫困和农村贫困的依赖条件与空间外溢路径，为提高我国财政支出扶贫效果提供理论依据。

第三，现有文献研究对我国财政教育支出减贫的空间“相邻”效应进行了研究，但未揭示财政教育支出对农村减贫的空间关联影响效应。因此，本书构建修正的引力模型测算我国财政教育支出的空间关联网络关系，以及财政教育支出对农村减贫的空间关联影响效应，以期为我国财政教育支出减贫的改革提供全新视角。

第四，在考察财政行为与贫困治理问题时，必须考虑经济发展水平所存在的参数异质性与非线性效应。本书通过建立经济发展水平、收入分配政策和减贫的分析框架，构建动态面板门槛计量模型，就不同经济发展水平的城乡收入差距对贫困治理产生的影响效应进行实证检验，拓展已有的分析视野。

财政行为对贫困
治理的理论机理
及其实证研究
Chapter 2

第二章 财政行为影响贫困治理的理论与机制分析

第一节 财政行为对贫困治理的理论与机制分析

一、税收政策对贫困治理影响的理论分析

市场“失灵”、生产要素分配原则和创造效率能力差异，必然带来两极分化和贫困问题，积累到一定程度就会破坏市场秩序。扶贫工作是“逆市场调节”行为，减少贫困是实现分配公平的重要途径。马斯格雷夫认为税收政策具有经济稳定、资源配置和收入分配职能，且都具备减贫效应，税收政策在贫困治理上具有重要作用。

税收政策具有经济稳定的职能。政府能够通过税收政策影响投资和消费的国民经济供给和需求，调节经济结构和消费水平，维护贫困地区就业和物价稳定，有效带动贫困居民收入增长以及贫困地区经济增长。

税收政策具有资源配置的职能。市场机制导致经济资源聚集在经济发达地区，推动着产业和行业快速发展，这给贫困地区经济发展带来挑战。政府通过税制调整和改革，制定贫困地区的税收优惠政策，形成经济资源流向贫困地区的“政策洼地”，实现税负在不同地区和不同居民间的合理分配，从而加快贫困地区转变经济和产业发展方式，增强贫困地区和贫困人口的生存能力。

税收政策具有收入分配的职能。第一，改革初次分配中的税收政策。初次分配属于要素分配，直接影响城乡收入差距和居民间贫富差距。政府可以通过消费税等政策调节价格和要素，发挥初次分配中的调节作用。因此，对生活必需品采取税收优惠政策，降低贫困居民生活必需品消费的价格。第二，再分配中的税收政策。收入再分配是对初始分配中不合理结果进行重新分配，引导

经济资源从发达地区向不发达地区、高收入人群向低收入人群转移，通过所得税等发挥调节收入的作用，保障贫困居民的收入公平。

二、财政支出政策对贫困治理影响的理论分析

（一）财政支出对贫困治理的直接作用

财政支出能够通过资本、劳动、技术等要素优化配置，积极推动贫困地区经济快速增长。（1）大多数贫困地区缺少资本要素等经济资源，政府通过购买贫困地区的社会产品，扩大社会生产和增加消费需求，利用资本投资的乘数效应，改善贫困地区的基础设施状况，进而促进贫困地区的经济增长；（2）财政支出包括教育支出和医疗卫生支出等，这些财政支出能够有效促进贫困居民能力发展，从而提高劳动生产率；（3）科学技术是贫困地区提升收入的重要因素，科学技术的外部性特征和技术创新的附加值创造能力，均有利于提高贫困居民的收入水平。

（二）财政支出对贫困治理的间接作用

贫困并非孤立存在的社会问题。财政支出通过影响农业增长、收入增长和非农就业作用于贫困。因此，深入理解财政支出对贫困治理的间接作用具有重要的意义。

1. 农业发展对改善贫困治理具有积极作用

贫困居民大多数生活在农村地区，贫困居民生产经营方式和收入来源比较单一，主要依靠农业耕种和生产获得收入。贫困地区和贫困居民的食物和生产资料主要从农业发展中获得，农业发展能够有效促进贫困地区的经济增长，进而带动贫困居民收入和消费增加；同时，经济发展能够进一步带动贫困地区的农业发展。

因此，农业发展对经济增长和贫困治理具有正向的乘数效应。综上所述，农业发展既能够提高贫困地区和贫困居民的收入水平，对贫困治理产生积极作用；也可以通过非农产业发展形成劳动力和资本流动的联动，对贫困治理产生间接效应。

2. 收入增长对改善贫困治理具有重要作用

改革开放以来，随着经济的快速增长，贫困地区居民收入也呈现出同步增长的趋势。我国经济增长显著提高了农民人均纯收入，进而降低农村贫困程度和农村贫困发生率，经济增长是提高农民收入和降低农村贫困的主要因素。

3. 非农就业对减贫发挥了积极作用

非农就业是贫困居民凭借资本、土地、科学技术等非生产要素获取收入的另一主要手段。除了通过提高农业收入来减少贫困外，贫困地区和贫困居民还可以通过非农就业提高收入水平，同时，非农就业也是贫困地区和贫困居民防范生产和生活风险的有效途径。因此，非农就业具有较好的减贫效果。

（三）小结

政府为贫困地区提供具有准公共物品性质的公共服务，公共服务的正外部性可以促进经济增长和缓解贫困。本书构建财政行为、经济增长与贫困的理论框架，分析财税政策对贫困的作用机制（见图2.1）。

因此，本书主要论证我国财政行为影响贫困的直接和间接作用机制，并对直接和间接减贫效应予以检验。一方面，检验财税政策提高贫困居民收入的直接减贫效应；另一方面，检验通过提高非农生产以提供工业和服务业就业，从而间接达到缓解贫困的减贫作用。检验因经济增长带来居民收入差距扩大，不利于减贫的间接效应。

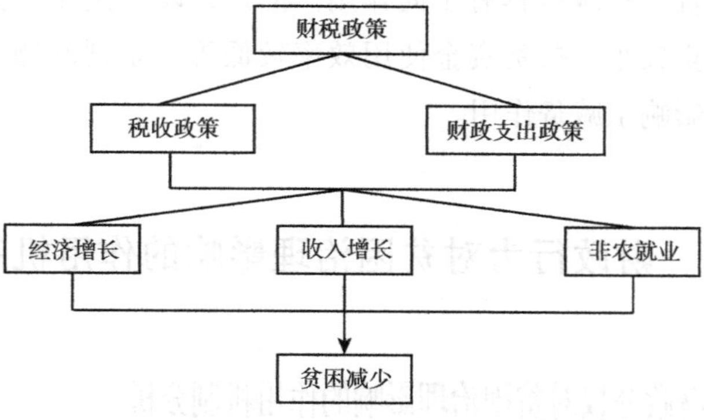

图 2.1 财税政策对贫困影响的理论框架

三、财政扶贫政策对贫困治理影响的理论分析

随着我国经济的快速增长，政府财政收入和财政支出不断增加，为扶持贫困地区发展提供了一定的财政资金来源。我国在实施扶贫政策的过程中，扶贫资金投入规模在不断上涨，从 1997 年的 192.89 亿元增加到 2017 年的 1400 亿元，财政扶贫资金包括中央扶贫专项贷款（主要是为贫困居民提供农业贷款）、扶贫发展资金（主要是为贫困居民提供教育投资）、以工代赈（主要是为贫困居民提供就业机会）等。一方面，中央扶贫专项贷款和扶贫发展资金的作用是为贫困居民提供农牧业等所需资金的支持；另一方面，为贫困地区和贫困居民提供职业技术培训和医疗卫生等基本生活与发展条件。这两个方面具有从物力和财力缓解贫困的作用。以工代赈则是通过道路交通和农田水利等方面的扶贫开发项目投入，使得贫困居民可以直接参与扶贫项目建设中，增加非农就业和非农收入，进而提高贫困居民收入水平、缓解贫困。总体上，随着我国扶贫资金投入规模的不断增加，贫困居民人数和贫困发生率不断下降，扶贫资金投入规模与减贫效果呈现出正相关

性，扶贫资金对减贫具有正向作用。但是，以工代赈占扶贫资金投入的比重较小、扶贫资金使用效率较低等一系列问题，直接或者间接地影响了减贫作用。

第二节　财政行为对贫困治理影响的作用机制分析

一、财政分权对贫困治理影响的作用机制分析

借鉴王晓芳和谢贤君（2018）[264]的做法，贫困地区家庭消费假设为 C，且具有二阶导数；生产性投入 P 和非生产性投入 N 构成消费 C 的两个部分，其中，政府提供满足家庭消费的函数为 (f) 是由生产性投入 P 所构成的，且满足以下三个条件：$P = P(f)$，一阶导数 $P_f > 0$，二阶导数 $P_{ff} < 0$；政府提供满足家庭消费的函数为 (y) 是由非生产性投入 N 所构成的，且满足以下三个条件：$N = N(y)$，一阶导数 $I_x > 0$，二阶导数 $I_{xx} < 0$；由此得到以下公式：

$$C = C[P(f), N(y)] \tag{2.1}$$

我国财政预算管理制度要求政府预算必须保证平衡，意味着政府税收收入 T 必须等于政府财政支出 G，这就构成我国政府财政预算约束公式如下：

$$\bar{G} = f + y \tag{2.2}$$

设置我国政府财政预算的目标函数公式如下：

$$\max C = C[P(f), N(y)] \tag{2.3}$$

我国政府为贫困地区提供生产性投入和非生产性投入，解决贫困地区资源和资金不足问题，设置政府财政预算目标函数后，运用家庭消费 C 对政府财政支出 G 求导，由此得到最优目标函数

公式如下：

$$C_G = \frac{\partial C}{\partial f} = \frac{\partial C}{\partial P}\frac{\partial P}{\partial f} - \frac{\partial C}{\partial N}\frac{\partial N}{\partial y} = 0 \quad N_y C_N = P_f C_f \tag{2.4}$$

$$C_N = \frac{\partial C}{\partial N} \quad N_y = \frac{\partial N}{\partial y} \quad C_P = \frac{\partial C}{\partial P} \quad P_f = \frac{\partial P}{\partial f} \tag{2.5}$$

$$\partial C = P_h = C_P \cdot N_y \cdot C_f \tag{2.6}$$

其中，式（2.6）意味着政府生产性投入和非生产性投入能够对政府财政预算的目标函数产生正向影响，即政府生产性投入和非生产性投入能够有效提高贫困地区消费水平，同时能够降低贫困地区的贫困水平。

假设财政分权（FD）能够为贫困地区带来 m 个单位的生产性投入，且能够为贫困地区带来 n 个单位的非生产性投入，其中，财政分权的一阶导数 $FD' > 0$, $0 \leqslant m \leqslant 1$, $0 \leqslant n \leqslant 1$ 。因此能够得到财政分权的生产性投入为 $FD^m f\,(f' > 0)$，财政分权的非生产性投入为 $FD^n y\,(y' > 0)$，由此得到公式如下：

$$\partial C = \frac{1}{C_P} \cdot FD^m \cdot FD^n \cdot f' \cdot y' \tag{2.7}$$

$$\frac{\partial C}{\partial FD} = \frac{1}{C_P} \cdot (m + n) \cdot f' \cdot y' \cdot FD' \quad \frac{\partial C}{\partial FD} > 0 \tag{2.8}$$

其中，式（2.8）大于零，意味着财政分权能够通过提高生产性投入与非生产性投入提高贫困地区消费水平，进而影响政府财政政策目标收益，从而降低贫困地区的贫困程度。

二、财政支出对贫困治理影响的作用机制分析

借鉴崔景华等（2018）[265]的做法，将公共财政支出（G）引入内生经济增长模型中，公共财政支出包括生产性支出（g_1）和非生产性支出（g_2），即 $G = g_1 + g_2$ ，由此分析公共财政支出对贫困治理的影响。其中，生产性支出（g_1）既包括农村生产水利

建设支出等直接用于改善贫困地区生产与经济运行活动的直接财政支出，又包括教育、卫生等能够有效提高贫困地区生产能力的间接财政支出。非生产性支出（g_2）是指政府管理部门所产生的各项行政费用。因此，将生产性支出（g_1）加入生产函数的公式如下：

$$y = Ac^{\alpha}g_1^{1-\alpha}h^{1-\alpha} \tag{2.9}$$

其中，α（$0 < \alpha < 1$）表示替代弹性，y 表示经济发展水平，A 表示技术发展水平，c 表示资本存量，h 表示劳动力存量。假设公共财政支出与税收收入相等（$G = T = c \cdot k$），t 表示税率；ρ（$0 < \rho < 1$）表示为生产性支出占公共财政支出的比重，可以推出生产性支出为 $g_1 = \rho \cdot G = \rho \cdot t \cdot c$；则非生产性公共支出为 $g_2 = (1 - \rho) \cdot G = (1 - \rho) \cdot t \cdot c$，得到以下公式：

$$y = Ac^{\alpha}(\rho tc)^{1-\alpha}h^{1-\alpha} = Ac(\rho t)^{1-\alpha}h^{1-\alpha} \tag{2.10}$$

假设要素市场（包括资本和劳动力）处于完全竞争格局，劳动收益率由劳动力的边际生产率所决定。因此，可以用 w 表示劳动收益率，劳动收益率（w）就等于经济发展水平（y）对劳动力存量（h）求偏导数，得到以下公式：

$$w = \frac{\partial y}{\partial h} = (1 - \alpha)Ac(\rho t)^{1-\alpha} \tag{2.11}$$

为了进一步研究劳动收益率受到生产性支出和非生产性支出的影响作用，将 $g_1 = \rho \cdot G = \rho \cdot t \cdot c$ 代入公式（2.11），可以得到以下公式：

$$w = (1 - \alpha)Ac\left(\frac{g_1}{c}\right)^{1-\alpha} = (1 - \alpha)Ac^{\alpha}g_1^{1-\alpha} \tag{2.12}$$

运用公式（2.12）中的劳动收益率（w）对生产性支出（g_1）求导数，可以得到以下公式：

$$\frac{dw}{dg_1} = (1 - \alpha)^2Ac^{\alpha}g_1^{-\alpha} \tag{2.13}$$

由公式（2.13）可知，生产性支出（g_1）与劳动收益率（w）间呈现出正相关关系，即生产性支出的增加能够带动劳动收益率的相应增加。此外，根据生产性支出 $g_1 = tk - g_2$，代入公式（2.12），计算劳动收益率（w）对非生产性支出（g_2）的导数，可以得到以下公式：

$$\frac{dw}{dg_2} = (1 - \alpha)^2 Ac^{\alpha}(tc - g_2)^{-\alpha} \tag{2.14}$$

由公式（2.14）可知，非生产性支出（g_2）与劳动收益率（w）间呈现出负相关关系，即非生产性支出的增加会导致劳动收益率的相应减少。此外，当劳动收益率低于贫困线时，可以认定为贫困。

$$poverty_{it} = \begin{cases} 1, w_{it} \leqslant pl_t \\ 0, w_{it} > pl_t \end{cases} \tag{2.15}$$

其中，$poverty_{it}$ 表示第 i 个体第 t 个时间的贫困程度，pl_t 表示第 t 期认定的贫困线。

综上所述，生产性支出和非生产性支出都能对劳动收益率产生影响，进而影响地区贫困和居民贫困。

财政行为对贫困
治理的理论机理
及其实证研究
Chapter 3

第三章 我国扶贫现状及国外经验借鉴

第一节　我国贫困现状分析

一、我国贫困特征

随着我国经济的快速增长，政府越来越重视扶贫工作，扶贫支出规模不断增加，扶贫项目支出结构也趋向合理。然而，贫困居民大多处在边远地区或者农村地区，社会经济基础和公共服务较为薄弱，税收优惠政策和开发式扶贫政策的减贫作用还没有得到充分释放，导致贫困地区和贫困居民处于长期的贫困“陷阱”中。

第一，生产方式方面，贫困地区和贫困居民受到经济因素、自然环境因素和教育水平的制约，农业生产水平和生产效率相较于其他地区差距较大，呈现出相对较低的水平。

第二，就业方面，交通运输等基础设施不完善和信息不对称问题，导致生活在偏远山区的贫困居民，大多在本地区从事农业工作，就业结构呈现出单一性；此外，随着城市化进程的发展，贫困居民向经济发达地区流动，外出就业比重逐年上升，2014 年我国贫困县劳动力外出就业比重达到 30.2%。

第三，经济方面，农业收入是我国贫困地区和贫困居民的主要生活来源，收入方式呈现出单一性特征，收入水平和消费水平都相对较低。近年来，随着我国政府实行税收优惠政策和开发式扶贫政策，贫困地区和贫困居民呈现出收入来源多元化的特征，收入和消费水平得到改善。

第四，人力资本方面，教育水平是衡量地区发展潜力的重要因素。2014 年我国贫困地区不识字或识字不多所占比重为 8.7%，小学文化程度占 35%，初中文化程度占 45.7%，高中及以上文化程度占10.5%①。总体上，我国贫困地区的人力资本水平亟待提高。

第五，基础设施方面，我国贫困居民大多数生活在边远山区，自然环境和土地资源等生产环境恶劣，从而影响农业产出。近年来，随着基础设施的不断改善，使得贫困地区的贫困居民能获得信息、开阔眼界和转变观念。

二、我国贫困地区差异分解

（一）我国贫困地区差距

根据我国各地区的贫困发生率进行分类（见表3.1），本书分析贫困发生率的省级差距。北京、天津、上海等经济发达地区贫困发生率为0；浙江、广东、江苏、福建、山东等沿海地区贫困发生率为1%～5%；辽宁、黑龙江、重庆、吉林、河北、湖北、安徽、河南、内蒙古、四川、江西、海南、湖南等中部地区和东北地区贫困发生率为5%～10%；宁夏、山西、广西、陕西、青海、云南、贵州、新疆、甘肃、西藏等西部地区贫困发生率在10%以上。

表3.1　2014年我国各地区贫困发生率分布情况

标　准	地　区
1%以下	北京（0）、天津（0）、上海（0）
1%～5%	浙江（1.1）、广东（1.2）、江苏（1.3）、福建（1.8）、山东（3.2）
5%～10%	辽宁（5.1）、黑龙江（5.1）、重庆（5.3）、吉林（5.4）、河北（5.6）、湖北（6.6）、安徽（6.9）、河南（7.0）、内蒙古（7.3）、四川（7.3）、江西（7.7）、海南（8.5）、湖南（9.3）
10%以上	宁夏（10.8）、山西（11.1）、广西（12.6）、陕西（13.0）、青海（13.4）、云南（15.5）、贵州（18.0）、新疆（18.6）、甘肃（20.1）、西藏（23.7）

注：资料来源《中国农村贫困监测报告（2015）》，全国贫困发生率为7.2。

① 数据来源《中国农村贫困监测报告（2015）》。

（二）我国贫困地区差异分解

本书借鉴毛军和李子豪（2019）[266]的研究方法，运用 Dagum 基尼系数分解方法测算出我国贫困地区差距。计算公式见式（3.1）：

$$G = \frac{\sum_{j=1}^{k}\sum_{h=1}^{k}\sum_{i=1}^{n_j}\sum_{r=1}^{n_h}|y_{ji} - y_{hr}|}{2n^2\mu} \tag{3.1}$$

其中，y_{ji} 和 y_{hr} 分别表示 j 地区和 h 地区的区域内贫困水平。n 和 k 为地区个数和地区划分数量，n_j 和 n_h 分别表示 j 地区和 h 地区内省份数量，μ 为我国贫困水平。

$$\bar{Y}_1 \leqslant \bar{Y}_h \cdots \leqslant \bar{Y}_j \leqslant \cdots \leqslant \bar{Y}_k \tag{3.2}$$

其中，运用式（3.2）就地区贫困平均水平对地区进行排序和划分。Dagum 基尼系数的公式：$G = G_\omega + G_{nb} + G_t$，测算公式分别见式（3.3）、式（3.4）、式（3.5）、式（3.7）：

$$G_{jj} = \frac{\frac{1}{2\bar{Y}_j}\sum_{i=1}^{n_j}\sum_{r=1}^{n_j}|y_{ji} - y_{jr}|}{n_j^2} \tag{3.3}$$

$$G_\omega = \sum_{j=1}^{k} G_{jj}p_j s_j \tag{3.4}$$

$$G_{jh} = \frac{\sum_{i=1}^{n_j}\sum_{r=1}^{n_h}|y_{ji} - y_{jr}|}{n_j n_h(\bar{Y}_j + \bar{Y}_h)} \tag{3.5}$$

$$G_{nd} = \sum_{j=2}^{k}\sum_{h=1}^{j-1} G_{jh}(p_j s_h + p_h s_j)D_{jh} \tag{3.6}$$

$$G_t = \sum_{j=2}^{k}\sum_{h=1}^{j-1} G_{jh}(p_j s_h + p_h s_j)(1 - D_{jh}) \tag{3.7}$$

$$D_{jh} = \frac{d_{jh} - p_{jh}}{d_{jh} + p_{jh}} \tag{3.8}$$

$$d_{jh} = \int_0^{\infty} dF_j(y) \int_0^{y} (y - x) dF_h(x) \quad (3.9)$$

$$p_{jh} = \int_0^{\infty} dF_h(y) \int_0^{y} (y - x) dF_j(y) \quad (3.10)$$

其中，G_{ω} 为贫困地区内差距的贡献，G_{nb} 为贫困地区间净值差距的贡献，G_t 为贫困超变密度的贡献。G_{jj} 为 j 地区内贫困的基尼系数，G_{jh} 为 j、h 地区间贫困的基尼系数。$p_j = n_j/n$，$S_j = n_j \overline{Y_j}/n\overline{Y}$，$j = 1,2,\cdots,k$。式（3.6）中的 D_{jh} 为 j 地区和 h 地区间贫困的相对贡献率。式（3.9）中的 d_{jh} 为地区间贫困贡献率差值。式（3.10）中的 p_{jh} 为超变一阶矩。

本书通过 Dagum 基尼系数测算方法，计算出 2000～2016 年我国区域贫困的基尼系数，进而分析我国贫困分布的地区差距。表 3.2 是我国贫困的区域差异分解情况。（1）图 3.1 是我国区域贫困分布的总体地区差距及其演变趋势。由图 3.1 可知，2000～2016

表 3.2　　　　我国贫困的基尼系数及其分解结果

年份	总体	地区内差距			地区间差距			贡献率（%）		
		东部	中部	西部	东—中	东—西	中—西	地区内	地区间	超变密度
2000	0.1528	0.0420	0.1152	0.1209	0.082	0.146	0.119	22.63	8.05	69.32
2001	0.1614	0.0480	0.1252	0.1221	0.099	0.145	0.117	25.01	7.99	67.00
2002	0.1760	0.0523	0.1480	0.1313	0.123	0.144	0.179	30.59	7.50	61.91
2003	0.1924	0.0589	0.1520	0.1424	0.149	0.143	0.191	29.91	7.07	63.02
2004	0.1907	0.0625	0.1645	0.1457	0.158	0.137	0.178	29.01	7.24	63.75
2005	0.1780	0.0698	0.1865	0.1358	0.146	0.144	0.148	32.88	7.92	59.20
2006	0.2104	0.0752	0.1922	0.1307	0.148	0.146	0.146	27.93	7.23	64.84
2007	0.2170	0.0789	0.2013	0.1492	0.176	0.172	0.110	27.44	7.33	65.23
2008	0.1835	0.0865	0.2567	0.1485	0.187	0.162	0.131	32.17	7.96	59.87
2009	0.1476	0.0955	0.2890	0.1516	0.218	0.193	0.124	41.33	10.98	47.69

续表

年份	总体	地区内差距			地区间差距			贡献率（%）		
		东部	中部	西部	东—中	东—西	中—西	地区内	地区间	超变密度
2010	0. 1463	0. 1042	0. 3020	0. 1546	0. 252	0. 231	0. 112	47. 28	11. 76	40. 96
2011	0. 1352	0. 1097	0. 3200	0. 1577	0. 252	0. 254	0. 098	52. 77	13. 68	33. 55
2012	0. 1345	0. 1187	0. 3300	0. 1608	0. 270	0. 286	0. 088	56. 69	14. 13	29. 18
2013	0. 1348	0. 1245	0. 3350	0. 1638	0. 275	0. 316	0. 077	58. 59	17. 07	24. 34
2014	0. 1461	0. 1354	0. 3380	0. 1669	0. 293	0. 347	0. 066	58. 50	17. 38	24. 11
2015	0. 1480	0. 1366	0. 3544	0. 1700	0. 307	0. 377	0. 055	57. 91	17. 77	24. 32
2016	0. 1507	0. 1431	0. 3645	0. 1730	0. 322	0. 407	0. 044	54. 74	18. 91	26. 34

年我国区域贫困分布呈现出先上升后下降的趋势。（2）由图 3. 2 可知，三大区域内部贫困空间分布的地区差距呈现出扩大态势。2000 年，相对于东部地区和中部地区，西部地区贫困空间分布的地区差距较大。随着时间的推移，中部地区贫困差距出现了显著扩大态势，2004 年超过西部地区且在 2016 年达到最大值 0. 3645。（3）由图 3. 3 可知，2000 年，东西部贫困差距高于东中部贫困差距和中西部贫困差距。随着时间的推移，东西部差距和东中部差距都呈现出扩大态势，同时中西部差距却呈现出缩小态势。2016 年东西部差距达到最大值 0. 407，中西部差距达到最小值 0. 044。（4）由图 3. 4 可知，我国区域贫困超变密度对区域间贫困差异贡献率呈现出下降趋势，2016 年达到最小值 26. 34%；同时，地区内差距、地区间差距区域间贫困差异的贡献率却呈现出上升趋势，2016 年达到最大值且分别为 54. 74% 和 18. 91%。综上所述，地区内贫困差距是我国区域间贫困差异的主要原因。

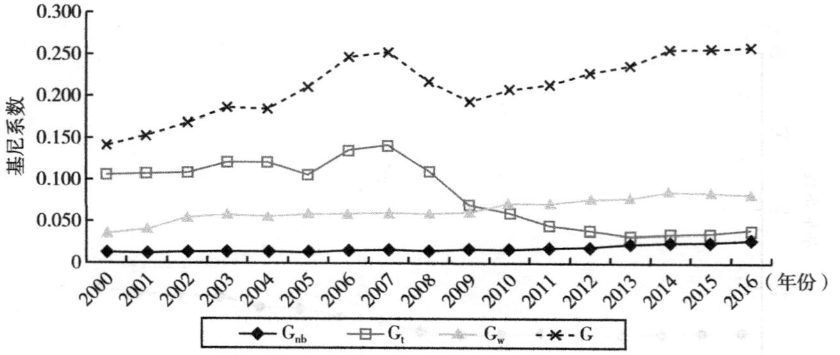

图 3.1　我国贫困地区差距的演变趋势

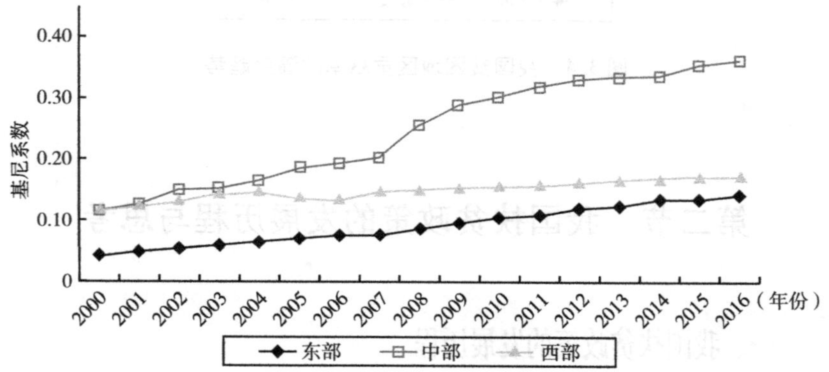

图 3.2　我国贫困地区内部差距的演变趋势

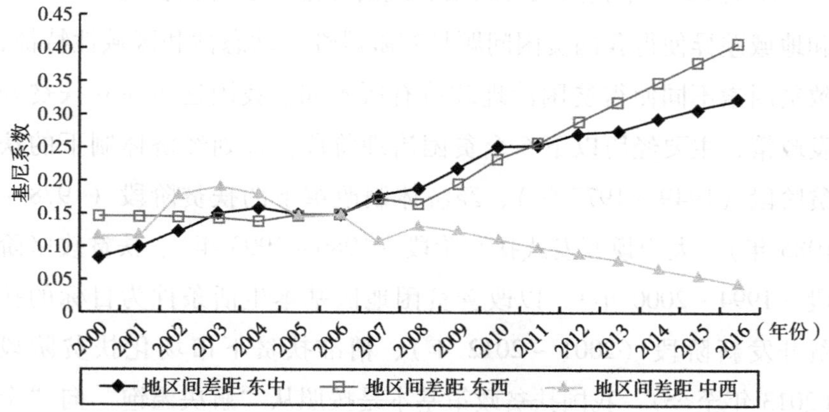

图 3.3　我国贫困地区间差距的演变趋势

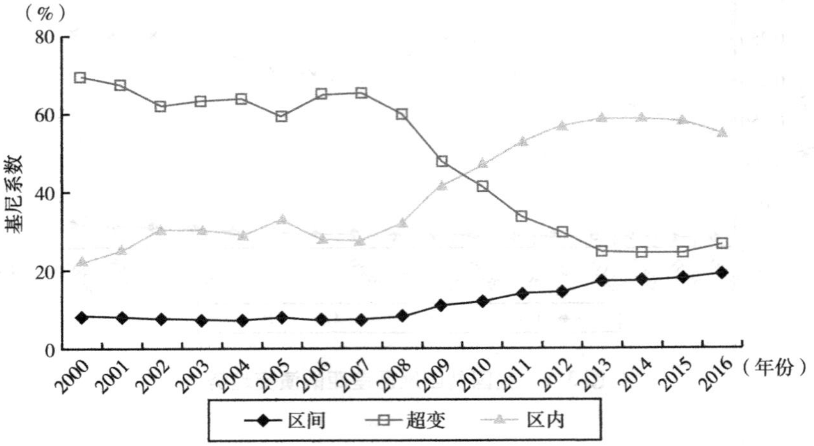

图 3.4　我国贫困地区贡献率的演变趋势

第二节　我国扶贫政策的发展历程与思考

一、我国扶贫政策的发展历程

随着 30 多年我国扶贫政策实践的探索，经济社会发展的阶段和地域差异使得我国贫困问题具有阶段性、动态性和区域性特征，致贫因素不同使得贫困治理政策有所不同。我国逐步建立扶贫开发政策，主要经历以下 6 个贫困治理阶段：计划经济体制下的扶贫阶段（1949～1977 年）、经济体制改革下的扶贫阶段（1978～1985 年）、大规模开发式扶贫阶段（1986～1993 年）、扶贫攻坚阶段（1994～2000 年）、以改善贫困地区基本生活条件为目标的扶贫开发新阶段（2001～2012 年）、精准扶贫下市场化扶贫阶段（2013 年至今）。我国扶贫政策基本是按照从“解决温饱”向“全面小康”，从“区域整体”向“精准突破”转变，这与我国经济社会发展阶段性特征和要求是相适应的，符合我国贫困治理发展的需要。

（一）计划经济体制下的扶贫阶段（1949～1977年）

中华人民共和国成立初期，我国贫困人口为2.5亿左右，是世界贫困国家之一。扶贫方式主要是安排生产提高收入、集体补助和国家救济。国家救济主要是采取临时救济的补助方式，给予生活和房屋等方面救济。此时，我国建立了计划经济体制，为了发展经济和提高人民生活水平，制定了优先发展重工业的政策和战略，国家财力、物力都相对不足，没有设定扶贫组织机构和扶贫制度，扶贫物款大多是社会力量捐助，少部分来自集体经济收入，以临时性的形式进行资助。因此，这种方式并没有达到真正的扶贫效果。

（二）经济体制改革下的扶贫阶段（1978～1985年）

1978年，我国开始由计划经济体制向市场经济体制转变，开展了一系列的扶贫工作：我国政府安排支持贫困地区财政扶贫资金，支援边远地区的经济建设（1980年）；为了改善甘肃省定西地区、河西地区和宁夏西海固地区农业基础设施条件，制订“三西”农业建设计划（1982年）；建设以农田水利等贫困地区基础设施，制定“以工代赈”发展政策（1984年）。1984年我国政府颁布的《关于尽快改变贫困地区面貌的通知》指出：通过政策放宽、财政投资和税收优惠等方式支持贫困地区发展。因此，经济体制改革有效释放了我国贫困地区的生产力，国民经济得到较快的发展，贫困问题得到一定的缓解，贫困人口数从1978年的2.5亿人下降到1985年的1.25亿人。

（三）大规模开发式扶贫阶段（1986～1993年）

经济体制改革使得贫困地区根据自身资源条件，逐步实现脱贫致富。然而，少数边远地区受地理等自然客观条件制约，经济增长和生活水平相对滞后，甚至陷入贫困“陷阱”，减贫作用的边际效益呈现出不升反降的趋势。此外，城乡二元经济结构体制使得地区差距不断扩大，区域经济发展不平衡问题凸显。1986年，全国人大六届四次会议颁布的《国民经济和社会发展“七五”计划》指出：我国正式进入“开发式扶贫”阶段；确定对国家级贫困县实施重点扶贫政策，将市县作为单元进行扶持，国家成立国务院扶贫开发领导小组推进扶贫工作。开发扶贫战略是实现区域减贫工作的主要着力点，有效解决“老、少、边、穷”地区贫困问题。政府通过为贫困地区提供税收优惠等政策，刺激贫困地区经济增长、改善基础设施条件，缓解了贫困问题。

（四）扶贫攻坚阶段（1994～2000年）

随着农村经济改革和财政扶贫力度增大，我国贫困人口数量不断减少。然而，贫困地区分布特征凸显出来，贫困人口集中在自然条件恶劣的地区，缺少基本的生产要素和生产条件，呈现显著的地缘性特征。我国政府也已颁布实施一系列扶贫政策，例如，1994年颁布的《国家八七扶贫攻坚计划》，意味着我国开始全面解决贫困地区的基本生活和温饱问题，也进一步说明前阶段我国扶贫政策实施具有显著的效果，农村贫困问题得到了较好解决。

（五）扶贫开发新阶段（2001～2012年）

为顺应扶贫工作和社会经济发展的需要，国家将扶贫工作重心放在低收入水平人口上，体现了我国政府致力于改善农村贫困人口生活水平的指导思想。2001年，我国政府颁布的《中国农村扶贫开发纲要（2001～2010年）》指出：进一步解决贫困人口温饱问题，改善贫困地区的生产生活条件。具体而言，从县级瞄准机制向村级扶贫转变，确定592个市县的14.8万个重点村作为国家扶贫开发工作重点单位。在国务院扶贫办的组织和指导下，通过保障贫困地区的贫困人口生活、教育和医疗等基本公共服务，以及在扶贫工作重点县建立县级培训基地和培训网络等一系列举措，大大推进了我国扶贫工作的进程。

（六）精准扶贫下市场化扶贫阶段（2013年至今）

扶贫方式主要包括以政府为主导的行政途径和以非政府组织（NGO）为主导的市场化途径（张伟宾和汪三贵，2013）[267]。2014年6月，国务院扶贫办颁布的《建立精准扶贫工作机制实施方案》指出：精准扶贫是指针对不同贫困区域环境、不同贫困农户状况，运用科学有效程序对扶贫对象实施精确识别、精确帮扶、精确管理的治贫方式（邓维杰，2014）[268]。然而，基于精准程度不够等问题的凸显，研究提出在多样性、有效性和精准性方面符合精准扶贫要求的市场扶贫模式（汪三贵和郭子豪，2015）[269]。精准扶贫下市场化扶贫如图3.5所示。

图3.5 精准扶贫下市场化扶贫示意

市场化扶贫形式的多样性，包括政府主导的就业、教育、医疗、社会保障、科技、产业、金融和生态环境的传统扶贫方式；近年来还出现政企合作（PPP 模式）、政府购买服务、资产收益扶贫、电商等新型扶贫方式（葛志军和邢成举，2015）[270]。第一，政企合作（PPP 模式）是指政府与非政府组织共同为贫困地区提供基础设施等公共服务，实现共赢的供给机制（唐丽霞等，2015）[271]。第二，政府购买服务是指政府通过公开招标等方式，选择社会组织机构为贫困地区提供公共服务，满足精准扶贫要求和解决扶贫项目偏离贫困群体的难题（左停等，2015）[272]。第三，资产收益扶贫是指将财政专项扶贫等资金为自主创收能力受限制的贫困人口股份，来参与生产经营等资本投资和收益分红，增加贫困人口的收入渠道并实现脱贫致富目的（王国勇和邢溦，2015）[273]。第四，电商扶贫是指通过京东等网络平台，扩大贫困地区农副产品的销售渠道，有效提高贫困地区的收入水平（宫留记，2016）[274]。

二、我国扶贫工作面临的问题及其挑战

随着扶贫工作实践的推进，我国绝对贫困情况得到快速减缓，然而，这并没有根本解决我国贫困地区相对贫困问题，贫困治理的边际效益逐渐递减、收入单一性、教育和医疗保障弱等成为致贫的主要因素，扶贫资金和扶贫政策的帮扶作用还没有充分发挥。贫困问题呈现出多元性和复杂性的特征，扶贫开发政策的制定和扶贫工作出现新挑战和新要求，扶贫开发方式和扶贫开发资金分配方式亟待改进。

第一，开发式扶贫侧重于以经济要素为投入、以市场为导向和以经济建设为中心，对缓解贫困问题的短期效应明显。然而，开发式扶贫只重视贫困居民的短期收入，对于提高人力资本能力的作用不足。其具体表现在：对教育、卫生、医疗保健等公共服

务的供给；交通运输、生产性农业等基础设施没有得到本质的改善。此外，开发式扶贫扩大居民间的贫富差距，且贫困地区生产要素投入的单一性，导致贫困地区经济结构失衡，扶贫作用不明显。

第二，地方政府经济增长与减贫目标的不一致性。经济增长的激励机制与扶贫开发模式本应该内嵌于地方政府的发展战略中。然而，以 GDP 为核心的竞争“锦标赛”激励地方政府大力发展经济，而将财政资金投入医疗和教育等公共服务领域略显不足，扶贫项目对贫困居民的覆盖率较低，导致贫困地区公共服务投入缺失，而扩大了地区间贫富差距和影响反贫困政策的效果。此外，由于我国贫困人口分布较为分散，致贫因素多元化，相对贫困问题凸显，非收入贫困现象比重正在逐渐提高，减贫瞄准机制难以覆盖大部分贫困地区和贫困人口，经济增长战略难以实现减贫目标，因而造成财政扶贫资金在瞄准贫困居民上发生一定偏离。

第三，贫困地区和贫困居民缺乏抵御风险的能力。受自然风险、经济风险和生态环境风险等多元化致贫因素影响，我国贫困地区和贫困居民处于弱势地位，面临自然灾害和市场风险等冲击极易出现返贫现象。此外，扶贫开发模式多以事后经济支持政策为主，而事前和事中的评估不足，不能有效保障贫困地区和贫困人口的风险抵御能力。

第三节 财政扶贫政策的国际借鉴和启示

一、财政扶贫政策的国际借鉴

（一）美国

美国财政扶贫政策主要涵盖教育、医疗卫生和社会保障等方面。第一，美国财政教育支持是由联邦政府（少部分）和州级政府（大部分）共同出资的。美国在2000年12月实施农村教育成就项目；2002年1月实施教育专项经费推动区域教育均衡发展，包括提高拨款补助和生均教育经费；2015年实施社区学院免费政策，减轻美国大学生贷款负担（许锋华和王晨，2017）[275]；2016年11月实施“全面卓越”教育政策，对基础教育和高等教育提供税收优惠等财政政策支持（王瑜和叶雨欣，2019）[276]。美国教育改革政策的实施和义务教育法制的完善，明确了各级政府教育经费支付责任，联邦政府为州政府和学区提供财政资助，以期达到提高教育公平、减少教育差距和提高教育质量等目的。第二，美国是以市场主导型为特征的国家，大多数医疗机构具有私有性质，呈现出分散性、复杂性和市场化特点，政府主要是对医疗机构进行管制，医疗卫生保障只针对老年人、残疾人等弱势群体进行救助。美国医疗卫生机构包括公立医疗机构、营利性医疗机构和非营利性医疗机构。美国医疗管理包括美国医学会（AMA）、美国医院协会（AHA）、美国医疗保险协会（AHIP）、美国药物研究和制造商协会（PHRMA）（葛锦晶，2009）[277]。自20世纪70年代以来，美国实施“农村卫生外展服务项目”等政策和措施，改善医疗卫生机构布局和缓解农村医疗资源不足等问题。2009年实施的《全面医疗改革法案》，目的是提供医保补贴给低收入人群。2010年3月实施的《美国大众卫生保健法案》，达到“开源与节流”和“质量和数量”目的，实现医疗卫生在群体间和区域间的均衡发展（卫松和雷祎，2018）[278]。第三，美国社会保障包括基本养老保险和就业保险等。1935年实施的《社会保障法》，保障对象包括老年人、失业者等弱势群体；1964年修正的《社会保障法》，实施“向贫困宣战”计划（郝宇彪和郭林，2016）[279]。美国养老保险制度，将全体居民纳入社会保障制度之中（夏艳玲和胡海波，2016）[280]。

（二）日本

日本财政扶贫形式主要包括教育、医疗卫生和社会保障等方面。第一，日本高度重视国民教育且普及义务教育，注重加强乡村基础教育建设，促进城乡义务教育均衡发展，教育经费由中央、都道府县、市町村三级政府共同分担，且中央政府承担主要责任，义务教育的学校以公立学校为主。日本政府先后出台《教育基本法》《学校教育法》等一系列政策法规，规范学校办学条件和基础设施，包括教室、音乐室、图书室、室内外体育场、游泳池、大礼堂和保健室等（高如峰，2003）[281]。日本制定的《偏僻地区教育振兴法》提出：需要对边远地区农村义务教育发展提供扶持，包括保障基础设施、保证办学条件、实行教师定期调换制度、发放津贴等方式（包金玲，2009）[282]。第二，在医疗卫生方面，1927 年颁布实施《健康保险法》，1938 年颁布实施《国民健康保险法》，逐步建立按职业类型等划分的医疗保险（李三秀，2017）[283]。1953 年，日本政府颁布实施《临时工健康保险法》，建立医疗机构认定制和健康保险医生登记制。1983 年，日本政府颁布实施《老年人健康和医疗服务法案》，建立缓解人口老龄化的保健制度（杨琴和余梦凝，2017）[284]。日本在不断调整和改革中建立了系统化的医疗保障制度，医疗保险资金主要来源于中央和地方政府，且以中央政府为主（邓剑伟等，2018）[285]。第三，日本政府在社会保障中处于主导地位。日本在 20 世纪 50 年代中期建立国民养老保险制度，以立法形式改革养老保险制度，1959 年，日本政府颁布《国民养老金法》。为了积累养老保险基金和适应人口老龄化需要，将农民和个体经营者纳入国民养老金体系中，养老保险金由政府拨款和被保险人共同分担（张运书和潘淑娟，2011）[286]。1970 年日本政府颁布实施的《农民养老基金法》和 1985 年颁布实施的《国民年金法》，完善了社会养老制度和年金基金制度

（林晓宁和徐图，2015）[287]。此外，突破城乡二元体制局限，日本建立了以国民年金为基础、国民养老金基金制度和养老金基金为辅的混合型养老保险制度。

（三）印度

印度财政扶贫主要包括教育、医疗卫生和社会保障等方面。第一，印度制订《非正规教育保障计划》帮助农村基础教育发展，缩小城乡之间义务教育发展差距，帮助6~14岁失学儿童完成基础教育阶段学业（孙伦轩和陈·巴特尔，2018）[288]。此外，印度实施《全国初等教育营养资助计划》为农村和贫困地区小学生提供免费午餐；通过给予奖励和直接资助等方式加强对边远地区教师支持力度，并根据各地区农村基本情况，制定提高基础教育质量的政策（王建梁和赵鹤，2019）[289]。第二，印度医疗卫生保障体系包括社区保健中心、初级保健中心和保健站，医疗卫生机构包括国家级医院、邦（省）级医院、地区级医院、县级医院和乡级医院（张乐，2006）[290]。1995年印度颁布实施的《国家农村健康计划》和2005年颁布实施的《全国农村健康计划》提出：医疗卫生经费主要由州政府提供，提高医疗卫生支出所占比重、增强基层医疗机构建设等措施（李琼，2009）[291]。第三，印度的社会保障计划由中央政府和各邦政府共同管理和执行（秦永红和张伟，2011）[292]。社会养老保障分为正式部门（公务员养老保障体系、公共部门企业的养老保障体系、银行和保险公司的养老金计划）和非正式部门（公共公积金、社会救助计划、农村寿险业）两个部分（吴伟东，2012；高静，2014）[293-294]。

二、国际经验的启示

第一，推进基本公共服务供给多元化，以政府贫困治理为主导模式。发达国家中央政府是推进财政扶贫工作的主体，适度引入市场机制和社会机制，建立政府、私营机构和非营利机构的多元化共同治理，通过竞争性市场机制实现资源高效配置，能有效提高减贫工作效率和供给质量，强化政府的公共职能作用（樊丽明和郭健，2012）[295]。

第二，实现经济发展与公共服务相适应的扶贫投入机制。以美国为代表的发达国家注重公共服务供给与均等化，政府通过财政资金投入贫困地区教育、医疗和社会保障等公共服务供给领域（郑秉文，2011）[296]，通过完善公共服务制度跨越“中等收入陷阱”。随着我国经济发展的不断演进，政府拥有足够的财力为贫困地区提供更高水平、更优质量、更多的方式和种类的公共服务（傅松涛和赵建玲，2006）[297]。

第三，规范政府转移支付制度。地区差距和城乡差距是我国致贫和返贫的主要原因，导致公共服务供给的非均衡发展，疾病或损伤、劳动力少、失业或者无业、自然环境差、人为因素等问题在贫困地区和贫困居民中无法得到有效解决（张奎力，2010）[298]。根据发达国家的经验，通过转移支付制度安排，保证分配过程和方式的公平性，完善财政扶贫资金分配方案，减少财政扶贫支出的盲目性和随意性。此外，应将转移支付资金分配倾向于贫困地区，保证区域教育均衡发展，并向贫困居民和和低收入群提供医疗卫生保障（李文英和史景轩，2010；周正祥等，2015）[299-300]。

财政行为对贫困治理的理论机理及其实证研究
Chapter 4

第四章　财政支出对贫困治理的影响分析

第一节 引 言

改革开放以来，伴随着中国经济高速增长进程，贫困人口数量大幅下降，这主要归功于以政府为主导的公共财政减贫模式。然而，从中国减贫实践来看，财政扶贫资金投入与贫困减缓的效果并不相匹配（周艳等，2018）[301]。我国是二元经济结构和地理条件存在着较大的空间异质性，导致地区经济发展不平衡，贫困地区和贫困居民大多集中在中西部地区和农村地区，地区贫困程度呈现出区域差异性特征。政府财政支出在贫困治理过程中具有重要作用，应该依据地区贫困特点与致贫因素制定相应的财政支出政策，避免贫困地区和贫困居民陷入“贫困陷阱”中。《国民经济和社会发展第十三个五年规划纲要》提出：“2020 年要彻底解决区域性整体贫困的重大目标。”因此，研究财政支出减贫效应的区域差异性具有重要的意义。

财政支出对贫困治理的作用相关研究体现在以下三个方面：第一，财政支出规模对贫困治理的影响作用。财政支出是国家减贫工作的重要工具（Moreno - Dodson and Wodon，2008；徐爱燕和沈坤荣，2017）[302-303]，公共投资促进了农村经济增长，减少了地区不平等和贫困（林伯强，2005；闫坤和于树一，2008）[304-305]。公共财政支出在减贫工作中具有直接作用，能够明显降低贫困发生率（吕炜和刘畅，2008；王志涛和王艳杰，2012）[306-307]；此外，地方财政支出能够通过转移性支出，降低地区发展不平等程度，有效减少贫困（向东，2002；吕玮，2008）[308-309]。然而，研究发现我国政府转移性支出并没有带来预期贫困程度的减少（刘穷志，2010；刘俊英，2013）[310-311]，甚至产生了负向作用（唐善永和李丹，2014）[312]。因此，为了更好地发挥政府转移性支出的作用，必须完善转移支付激励机制，减少地方政府的“投机”行为（曾福生，2013；李丹和刘小川，2014）[313-314]。第二，财政支出结构对贫困治理的影响作用。王娟和张克中（2012）[315]在分析各项公共支出的减贫效应时发现，不同类型公共支出的减贫效应不尽相同。具体而言，农业性公共支出大于社会救济支出大于基本建设支出（刘玮，2011；杨晶，2014）[316-317]。具有减贫效用的财政支出包括财政支农支出和医疗卫生支出（Fan et al.，2005；胡绍雨，2006）[318-319]。对于财政支农支出对贫困治理的影响，秦建军和武拉平（2011）[320]、陈卫洪（2013）[321]研究发现财政支农支出对农村减贫具有短期效应。一方面，财政支农支出中的生产性支出能够降低生产成本（王文普和陈伟，2008；陈鸣和周发明，2017）[322-323]；另一方面，财政支农支出中的社会服务性支出能够提高农业生产效率，缓解贫困程度和提高居民摆脱贫困的能力（Strulik，2012；Fang and Zou，2014）[324-325]。然而，王志涛和王艳杰（2012）[326]、邓宏亮（2013）[327]研究发现，我国财政支农结构安排不合理性，导致财政资金配置出现低效率现象，财政支农支出对居民收入的影响作用并不明显。此外，财政支农支出对减贫的影响还存在门槛特征，财政支农减贫效应具有明显的空间异质性（邹文杰和冯琳洁，2015）[328]。对于医疗卫生支出对贫困减缓的影响，罗知（2011）[329]认为医疗卫生支出对缓解农村相对贫困具有重要意义。增加医疗支出意味着减轻医疗费用负担（秦建军和戎爱萍，2012）[330]；保障健康状况和保证劳动供给，这能够使得拥有减贫能力和降低贫困发生率，避免形成“贫困—医疗—贫困”的恶性循环（齐良书，2011）[331]。第三，我国财政支出与减贫效应呈现区域非均衡分布格局。地理位置的外部性、制度的路径依赖、个体财富的规模收益递增等区域性影响因素，会通过经济和惯性导致地区陷入“贫困陷阱”（李永友和沈坤荣，2007；邹文杰，2014）[332-333]。由于财政资金分配在不同地区存在明显的差异，财政支出的减贫效应必然存在空间外溢和空间差异等问题（高远东等，2013）[334]。然而，各类公共投资对贫困减少和地区不均等的边际效应存在区域差异，导致地方政府在公共支出上展开竞争，非合作的地方政府偏向于投资在公共物品上，这会系统性扭曲公共支出结构（Ghatak，2015）[335]。因此，针对区域性的贫困问题，建立财政减贫投资在不同地区、项目上的合理区间和运作方式，以此提高财政扶贫效率（龚维进等，2018）[336]。

综上所述，现有文献对财政支出减贫效应是否存在非线性关系与空间异质性问题仍有待进一步的研究。本书试图在考察财政支出与贫困减缓影响关系时，加入空间非线性效应因素，拓展已有的分析视野。有鉴于此，首先，本书采用非线性 Granger 因果模型就财政支出与城镇贫困和农村贫困进行了实证检验，提出进行非线性关系探索的必要性。其次，以 2000～2016 年中国 31 个省区市为研究对象，本书运用时空地理加权模型（GTWR）检验我国财政支出与城镇贫困和农村贫困的空间异质性特征，提出进行空间溢出效应检验分析的必要性。最后，通过空间半参数非线性 Durbin 模型构建和估计，较为系统地考察财政支出对城镇贫困和农村贫困的复杂影响，揭示财政支出与城镇贫困和农村贫困的依赖条件与空间外溢路径，为提高我国财政支出扶贫作用提供理论依据。

第二节　理论机制与命题假设

“财政扶贫”具有调节逆市场行为和收入分配作用的公共品属性。财政投入中的生产性投资支出，能够有效提高贫困地区资本存量水平和增加贫困居民就业机会，降低市场交易运输成本和提高贫困居民收入水平，进而消除制约贫困地区发展的现实问题和提高贫困地区经济增长溢出效应，从而通过“涓滴效应”使得贫困地区和贫困居民实现效用最大化。财政投入中的社会服务性投资支出，能够有效促进贫困地区资源禀赋和要素禀赋的合理配置，达到实现公共服务均等化和满足贫困居民公共服务需求的目的，提高贫困居民收入水平和缓解制约贫困地区经济发展的公共设施问题，有效发挥财政投入的公共性服务特征。

研究假设1：财政支出有助于提高减贫效用。

财政支出竞争使得地方政府偏向投资性支出，而忽略能够提供贫困地区的生产性支出和民生服务支出。政府财政投入在贫困地区相对较少，导致财政支出实现贫困治理缺乏投入保障机制，长期以来，经济增长红利并未能惠及贫困居民，平等机制的软性制度环境还未能形成。增加财政扶贫资金并不能完全实现增加贫困居民收入和贫困治理的政策目标。经济发达地区的财政扶贫资金能够有效地提高市场机制高效配置，促进地区经济增长和贫困居民增加收入，进而实现财政支出的贫困治理的政策目标。财政支出竞争导致财政支出结构安排尚不够合理，财政支出尚没有形成科学的瞄准机制，会出现穷者越穷、富者越富的马太效应。

研究假设2：财政支出竞争显著降低减贫效用。

地方政府以财政投资支出实现贫困地区经济发展、福利均等化和收入不平等程度降低的目的。政府通过财政支出政策控制社会分配不公平现象，运用财富与收入再分配手段，调节地区间和居民间的财政支出差异。此外，政府实施有利于贫困地区和贫困居民的财政支出政策，促进贫困地区与其他地区的经济协调发展，获得使用公共服务资源的机会，进而避免陷入不断循环的“贫困陷阱”中。

研究假设3：财政支出对贫困治理存在非线性溢出效应。

财政支农支出增加能够提高农村基础设施，降低农业成本和非农业部门的生产率，为农业发展创造条件，增加对劳动力的需求，为当地提供临时性就业岗位，创造更多的非农就业机会；此外，财政扶贫投入会通过促进农业部门增长，进而增加农业生产力、工资水平和就业数量，进而增加贫困群体收入，最终能够增加居民消费和降低贫困水平。因此，财政支农支出会改善贫困地区经济增长模式和贫困落后局面。

研究假设 4：财政支农支出显著提高减贫效用。

医疗卫生投入不足、资源配置不合理和区域间供应不均等，是我国公共卫生服务发展的挑战。医疗卫生市场化改革，医疗卫生支出可以满足社会居民对医疗卫生服务需求，提高医疗人才、医疗设施条件和基础公共医疗的保障力度，改善城乡间的医疗卫生服务不平等程度，实现医疗卫生支出与减贫战略的良好结合，说明医疗卫生支出对减贫具有显著的促进作用。

研究假设 5：医疗卫生支出显著提高减贫效用。

第三节　模型设定与数据说明

一、计量模型设定

贫困并非孤立存在的地区现象，地方政府往往通过竞争吸引生产要素流入，促进本地区经济增长和提升就业机会，从而降低信息不对称性和提高公共投资支出效率，有利于增加经济增长溢出和贫困减缓溢出。因此，需要将空间异质性和非线性关系引入财政减贫分析中，模型设定如下。

（一）非线性 Granger 因果检验

Granger 因果检验无法揭示变量间的非线性关系而导致检验结出现偏差。本书基于非参数统计检验方法，式（4.1）和式（4.2）

分别是时间序列变量 X_t 和 Y_t 的 Granger 因果检验模型；待估计参数为 α 、β 、δ 、φ ；残差序列为 ε_1 、ε_2 ；滞后阶数为 θ_1 、θ_2 、θ_3 、θ_4 。

$$X_t = \sum_{i=1}^{\theta_1} \alpha_i X_{t-i} + \sum_{j=1}^{\theta_2} \beta_j Y_{t-j} + \varepsilon_{1,t} \tag{4.1}$$

$$Y_t = \sum_{i=1}^{\theta_3} \delta_i Y_{t-i} + \sum_{j=1}^{\theta_4} \varphi_j X_{t-j} + \varepsilon_{2,t} \tag{4.2}$$

本书采用 BDS 方法实证检验时间序列变量间是否存在非线性关系。根据式（4.1）和式（4.2）的 VAR 模型，可以得到剔除线性关系的残差序列 ε_1 和 ε_2 。拒绝原假设（独立同分布），说明残差序列具有非线性趋势。（z_t， z_{t+1}， …， z_{t+m-1}） 为 m 维的时间序列 Z_t 的观测值。跨期空间概率的估计量关联积分如式（4.3）所示：

$$C_m(T,d) = \sum_{t=1}^{T_m-1} \sum_{s=t+1}^{T_m-1} I(Z_t^m, Z_s^m, d) \cdot [2/(T_m - 1)] \tag{4.3}$$

其中，T 为样本总数，d 为带宽，I（Z_t^m， Z_s^m， d） 是指标函数，当指标函数 I 函数满足 $\| Z_t^m, Z_s^m \| < d$ 时，I（Z_t^m， Z_s^m， d） =1；否则，I（Z_t^m， Z_s^m， d） =0。 $\| Z_t^m, Z_s^m \|$ 是序列 Z_t^m 和 Z_s^m 间的欧式空间距离。Z_t^m = （z_t， z_{t+1}， …， z_{t+m-1}），Z_s^m = （z_t， z_{t+1}， …， z_{t+m}），序列 Z_t 划分为 T_m 个 m 维的子样本。$\sigma_m(d)$ 是给定 m 维样本的标准差。BDS 检验统计量如式（4.4）所示：

$$W_m(T,d) = \sqrt{T[C_m(T,d) - C_1(T,d)^m]} / \sigma_m(d) \tag{4.4}$$

$W_m(T,d)$ 统计量渐进服从标准正态分布，拒绝原假设说明变量存在非线性关系。X_t^m 为 X_t 的 m 维领先向量，X_{t-Lx}^{Lx} 为 X_t 的 L_x 期滞后向量，Y_{t-Ly}^{Ly} 为 Y_t 的 L_y 期滞后向量，如式（4.5）所示：

$$\begin{aligned} X_t^m &= (x_t, x_{t+1}, \cdots, x_{t+m-1}), \mathrm{m} = 1,2,\cdots; t = 1,2\cdots \\ X_{t-Lx}^{Lx} &= (x_{t-Lx}, x_{t-Lx+1}, \cdots, x_{t-1}), Lx = 1,2,\cdots; t = Lx+1, Lx+2\cdots \\ Y_{t-Ly}^{Ly} &= (y_{t-Ly}, y_{t-Ly+1}, \cdots, y_{t-1}), Ly = 1,2,\cdots; t = Ly+1, Ly+2\cdots \end{aligned} \tag{4.5}$$

根据式（4.6）推断，Y 的条件概率符合公式，则说明 Y 与 X 不存在严格的非线性 Granger 关系。式（4.6）中，Pr（·）表示概率，‖·‖表示最大范数。式（4.7）可以替代式（4.6）中的条件概率：

$$\Pr(\| X_t^m - X_s^m \| < d \mid \| X_{t-Lx}^{Lx} - X_{s-Lx}^{Lx} \| < d, \| X_{t-Ly}^{Ly} - X_{s-Ly}^{Ly} \| < d)$$
$$= \Pr(\| X_t^m - X_s^m \| < d \mid \| X_{t-Lx}^{Lx} - X_{s-Lx}^{Lx} \| < d) \tag{4.6}$$

$$CI(m+Lx,Ly,d)/CI(Lx,Ly,d) = CI(m+Lx,d)/CI(Lx,d) \tag{4.7}$$

其中，

$CI(m+Lx,Ly,d) = \Pr(\| X_{t-Lx}^{m+Lx} - X_{s-Lx}^{m+Lx} \| < d, \| Y_{t-Ly}^{Ly} - Y_{s-Ly}^{Ly} \| < d)$；

$CI(Lx,Ly,d) = \Pr(\| X_{t-Lx}^{Lx} - X_{s-Lx}^{m+Lx} \| < d, \| Y_{t-Ly}^{Ly} - Y_{s-Ly}^{Ly} \| < d)$；

$CI(m+Lx,d) = \Pr(\| X_{t-Lx}^{m+Lx} - X_{s-Lx}^{m+Lx} \| < d)$；

$CI(Lx,d) = \Pr(\| X_{t-Lx}^{Lx} - X_{s-Lx}^{Lx} \| < d)$。

根据 X_t 和 Y_t 是严格平稳统计量，构造渐进正态分布的 T 统计量，如式（4.8）所示：

$$T = \left[\frac{CI(m+Lx,Ly,d,n)}{CI(Lx,Ly,d,n)} - \frac{CI(m+Lx,d,n)}{CI(Lx,d,n)}\right] \sim N\left(0, \frac{1}{\sqrt{n}} \sigma^2(m,Lx,Ly,d)\right) \tag{4.8}$$

其中，$n = T + 1 - m - \max(Lx, Ly)$，$\sigma^2(\cdot)$ 是修正后统计量的渐进方差，对残差序列（$\varepsilon_{1,t}$，$\varepsilon_{2,t}$）进行检验，拒绝原假设说明序列间存在非线性因果关系。

（二）时空地理加权回归模型（GTWR）

地理加权回归模型是研究截面数据的空间效应和空间异质性，通常采用数据的平均值来减少截面数据部分指标波动异常。由于截面数据样本量有限和参数过度，导致模型参数估计有效性问题。

时空地理加权回归模型（GTWR）综合考虑时间因素和空间异质性因素，有效提高参数估计的准确性。时空地理加权回归模型如下：

$$y_t = \beta_0(\mu_i, v_i, t_i) + \sum_{k=1}^{p} \beta_k(\mu_i, v_i, t_i) X_{ik} + \varepsilon_i \tag{4.9}$$

其中，(μ_i, v_i, t_i) 是空间经纬度坐标，i、j、t 分别表示地区经度、纬度和时间。$\beta_k(\mu_i, v_i, t_i)$ 是连续函数 $\beta_k(\mu, v, t)$ 在 i 点的值，其估计方法为：

$$\hat{\beta}_i(\mu_i, v_i, t_i) = [X^T W(\mu_i, v_i, t_i) X]^{-1} X^T W(\mu_i, v_i, t_i) Y \tag{4.10}$$

其中，$\beta_i = [\beta_{i0} \beta_{i1} \cdots \beta_{ip}]'$ 为回归点 i 上的参数，$\hat{\beta}_i$ 为 β_i 的估计值。W 为空间权重矩阵（$w_{i1}, w_{i2}, \cdots, w_{in}$）的对角阵，建立将时间与空间相结合的时空权函数，时空距离 d_{ij}^{ST} 为：

$$d_{ij}^{ST} = \sqrt{\alpha[(\mu_i - \mu_j)^2 + (v_i - v_j)^2] + \beta(t_i - t_j)^2} \tag{4.11}$$

指数距离权重设置的时空权函数形式如下：

$$\omega_{ij}^{ST} = \exp\left\{-\left(\frac{\alpha[(\mu_i - \mu_j)^2 + (v_i - v_j)^2] + \beta(t_i - t_j)^2}{b_{ST}{}^2}\right)\right\} \tag{4.12}$$

其中，b_{ST} 为时空权函数的带宽，通过交叉验证确定最优带宽。当 AIC 值最小时确定最优带宽值 b_{ST}。

（三）空间半参数非线性 Durbin 模型（SSDM）

本书借鉴叶阿忠等（2015）[337] 的空间半参数非线性 Durbin 模型（SSDM），模型设定如下：

$$Y_{it} = \alpha_i + \rho W Y_{it} + \sum \beta_k X_{kit} + \sum \gamma_k W X_{kit} + G(S_{it}) + \varepsilon_{it} \tag{4.13}$$

其中，假设 $E[G(S_{it})] = 0$，Z_{it} 是 S_{it} 的工具变量向量，建立非参数回归 $G(S_{it}) = \varphi(Z_{it}) + v_i$，$\varphi(Z_{it}) = E[G(S_{it}) \mid Z_{it}]$。将

$\varphi(Z_{it})$ 非参化，对于模型可转化为：

$$Y_{it} = \alpha_i + \rho WY_{it} + \sum \beta_k X_{kit} + \sum \gamma_k WX_{kit} + G(Z_{it}) + \mu_{it} \tag{4.14}$$

$$\mu_i = \varepsilon_i + v_i$$

假定参数 α_i 、ρ 、β_k 、γ_k 已知，可以根据模型（4. 15）估计出非参数分量 $G(\cdot)$ ：

$$G(Z_{it}) = E[Y_{it} \mid Z_{it}] - \alpha_i - \rho E[WY_{it} \mid Z_{it}] - \sum E[X_{kit} \mid Z_{it}]'\beta_k - \sum E[WX_{kit} \mid Z_{it}]'\gamma_k \tag{4.15}$$

于是，得到非参数分量 $G(\cdot)$ 的初步估计：

$$\hat{G}(Z_{it};\alpha_i;\rho;\beta_k;\gamma_k) = \hat{E}[Y_{it} \mid Z_{it}] - \alpha_i - \rho\hat{E}[WY_{it} \mid Z_{it}] - \sum E[X_{kit} \mid Z_{it}]'\beta_k - \sum E[WX_{kit} \mid Z_{it}]'\gamma_k \tag{4.16}$$

根据模型（4. 14）估计可以得到消除 α_i 后的非参数分量，参数模型如式（4. 17）所示：

$$Y_{it} - \hat{E}[Y_{it} \mid Z_{it}] = \rho[WY_{it} - \hat{E}(WY_{it} \mid Z_{it})] + \sum [X_{kit} - E(X_{kit} \mid Z_{it})]'\beta_k + \sum [WX_{kit} - E(WX_{kit} \mid Z_{it})]'\gamma_k + \mu_{it} \tag{4.17}$$

利用工具变量估计得到参数 ρ 、β_k 、γ_k 的估计 $\hat{\rho}$ 、$\hat{\beta}_k$ 、$\hat{\gamma}_k$ ，再利用工具变量 Z_{it} 等，从而得到模型：

$$Y_{it} - \alpha_i - \rho WY_{it} - \sum_{k=1}^{3} \beta_k K_{kit} - \sum_{k=1}^{3} \gamma_k WX_{kit} = G(Z_{it}) + \mu_{it} \tag{4.18}$$

最后，得到个体影响 α_i 的估计以及非参数分量 $G(\cdot)$ 的估计：

$$\hat{\alpha}_i = \bar{Y}_{it} - \hat{\rho} W\bar{Y}_{it} - \sum_{k=1}^{3} \bar{X}_{kit}\hat{\beta}_k - \sum_{k=1}^{3} W\bar{X}_{kit}\hat{\beta}_k\hat{\gamma}_k \tag{4.19}$$

$$\hat{G}(S_{it}) = \hat{G}(S_{it};\hat{\alpha}_i;\hat{\rho};\hat{\beta}_k;\hat{\gamma}_k) \tag{4.20}$$

其中，使用局部线性估计法估计 $\hat{E}(Y_{it} \mid S_{it})$、$\hat{E}(WY_{it} \mid S_{it})$、$\hat{E}(X_{kit} \mid S_{it})$、$\hat{E}(XY_{kit} \mid S_{it})$，从而获得 $\hat{G}(S_{it})$ 和其一阶偏导数 $\partial\hat{G}(\cdot)/\partial S_{it}$ 估计。然后，利用偏导数值 $\partial\hat{G}(\cdot)/\partial s_{it}$ 构成偏导数图，反映的是财政支出、支农支出、医疗卫生支出对贫困减少的空间非线性影响。

二、数据来源及变量说明

本书选取除中国港澳台地区以外的全国 31 个省区市 2000 ~ 2016 年作为数据样本，数据来源于《中国统计年鉴》《中国农村统计年鉴》《中国卫生统计年鉴》《中国财政年鉴》《中国农村贫困检测报告》《中国科技统计年鉴》及各省统计年鉴。为了增强实证检验结果的可信度，所有变量均利用价格指数进行平减(2000 = 100)。为了消除异方差，对所有变量取自然对数，以进一步增加数据的平稳性。基于数据可得性，城镇贫困按收入等级分最低 20% 城镇人口的人均可支配收入度量；农村贫困按收入等级分最低 20% 农村人口的人均纯收入度量。财政支出（*fiscal*）用人均财政支出度量，其等于各地区财政支出/地区人口数。为实证检验财政支出结构对贫困治理的作用效果，本书选择支农支出（*agri*）和医疗卫生支出（*medi*），其中，支农支出（*agri*）用政府农村生产支出占公共财政支出的比重来衡量，医疗卫生支出（*medi*）用政府卫生支出占公共财政支出的比重来衡量。控制变量：经济发展水平（*pgdp*）用人均 GDP 来表示。相关缺失数据我们用下式处理：$X_{it} = X_{it+1}/(X_{it+2}/X_{it+1})$；i = 1，2，…，31，其中，$X_t$ 为缺失年度指标数据，X_{t+1} 为缺失年度后一年数据，X_{t+2}

为缺失年度后两年数据。

第四节　实证结果分析

一、非线性 Granger 因果检验

为确保回归分析的有效性和避免出现“伪回归”，本书采用 ADF 方法对各变量进行单位根检验，通过对各变量的实际值与临界值来判断数据平稳性，并确定其单整阶数，检验结果如表 4.1 所示。检验结果表明，各变量时间序列水平值的检验统计量不能拒绝原假设，说明各变量“存在单位根”。本书进一步运用一阶差分对各变量的时间序列进行检验。检验结果表明，各变量一阶差分的检验统计量显著地拒绝原假设，说明各变量的一阶差分“不存在单位根”。因此，可以认为各变量时间序列为非平稳的 I(1) 过程。本书接下来将对非线性检验与非线性因果检验展开分析。

表 4.1　　变量序列的平稳性检验

变量名称	ADF 检验	检验类型（c，t，k）	临界值（5%）	检验结果
urban	-0.873	(c，0，1)	-2.943	不平稳
D（urban）	-3.247	(c，0，1)	-2.946	平稳
rural	-0.873	(c，0，1)	-2.943	不平稳
D（rural）	-3.247	(c，0，1)	-2.946	平稳
fiscal	-0.726	(c，0，1)	-2.943	不平稳
D（fiscal）	-3.409	(c，0，1)	-2.946	平稳
agri	-1.933	(c，0，1)	-2.943	不平稳
D（agri）	-4.412	(c，0，1)	-2.946	平稳
medi	-0.351	(c，0，1)	-2.943	不平稳
D（medi）	-2.680	(c，0，1)	-2.946	平稳

续表

变量名称	ADF 检验	检验类型 (c, t, k)	临界值 (5%)	检验结果
pgdp	-0.952	(c, 0, 1)	-2.943	不平稳
D (pgdp)	-3.430	(c, 0, 1)	-2.946	平稳

注：临界值（5%）表示在显著性水平 5% 下的临界值；检验类型（c，t，k）中的 c 表示 ADF 检验中的截距项，t 表示时间项，k 表示滞后期数。

现有研究表明，“财政支出”与“城镇贫困”“农村贫困”之间并非“静态不变”，而是呈现出复杂的非线性动态变化趋势。因此，本书采用神经 BDS 方法考察各变量动态变化趋势是否存在非线性进行检验。本书首先采用最优的 VAR 模型对“财政支出”与“城镇贫困”“农村贫困”间的线性依存成分进行过滤，根据所得到的残差序列进行非线性检验，检验结果如表 4.2 所示，统计量均显著地通过了检验，这说明由于受到经济发展等外部因素的冲击，“财政支出”与“城镇贫困”“农村贫困”在相互作用的动态变化趋势过程中存在着显著的非线性关系。因此，需要采用非线性 Granger 因果方法对变量进行检验。

表 4.2　　基于 BDS 方法的非线性检验

城镇贫困		BDS 检验	RESET 检验	农村贫困		BDS 检验	RESET 检验
财政支出	fiscal	0.071**	0.031*	财政支出	fiscal	0.061***	0.039**
		(0.021)	(0.095)			(0.000)	(0.011)
支农支出	agri	0.066**	0.069*	支农支出	agri	0.076***	0.084**
		(0.032)	(0.071)			(0.046)	(0.011)
医疗卫生支出	medi	0.173***	0.131***	医疗卫生支出	medi	0.185***	0.049*
		(0.003)	(0.002)			(0.000)	(0.072)
经济发展水平	pgdp	0.249***	0.068*	经济发展水平	pgdp	0.242***	0.098**
		(0.000)	(0.080)			(0.000)	(0.027)

注：采用 HQ 信息准则对最优滞后阶数进行选定；BDS 检验中嵌套维度 m 为 4；RESET 检验中检验形式为 3 阶多项式；括号里的值为 P 值；***、** 和 * 分别表示在 1%、5% 和 10% 的水平上显著。

本书采用基于 VAR 线性过滤的非线性 Granger 因果检验，分析“财政支出”与“城镇贫困”“农村贫困”之间的相互影响关系，检验结果如表 4.3 所示。财政支出的“涓滴效应”有利于吸引先进知识技术、引进资金，提高地区要素的边际生产率水平，增加居民收入水平，财政支出能够有效促进贫困治理水平提高。然而，财政支出对贫困治理的影响效应具有短期性，财政支出在一定程度上会加大居民收入差距，意味着财政支出的投入路径和输入结构需要进一步优化。因此，统计值检验发现，“财政支出”与“城镇贫困”“农村贫困”间存在非线性 Granger 因果关系。

表 4.3　基于 VAR 线性过滤的非线性 Granger 因果检验

原假设：“财政支出”不是“城镇贫困”的非线性 Granger 因果检验			原假设：“财政支出”不是“农村贫困”的非线性 Granger 因果检验		
$L_x = L_y$	T_n 检验统计量	P 值	$L_x = L_y$	T_n 检验统计量	P 值
1	1.194	0.132	1	0.171	0.604
2	1.631**	0.042	2	1.201*	0.099
3	1.440*	0.069	3	1.631**	0.042
4	1.201*	0.099	4	1.440*	0.069
5	1.121	0.137	5	0.828	0.304
6	0.978	0.168	6	1.042	0.214
原假设：“城镇贫困”不是“财政支出”的非线性 Granger 因果检验			原假设：“农村贫困”不是“财政支出”的非线性 Granger 因果检验		
$L_x = L_y$	T_n 检验统计量	P 值	$L_x = L_y$	T_n 检验统计量	P 值
1	0.171	0.604	1	1.193	0.132
2	0.252	0.304	2	1.121	0.137
3	1.042	0.214	3	0.978	0.169
4	0.849	0.253	4	0.960	0.179
5	0.975	0.180	5	1.015	0.181
6	0.828	0.395	6	1.073	0.186

注：Lx = Ly 表示检验中残差序列的滞后阶数；T_n 检验统计量为右尾检定。*、** 分别表示在 10%、5% 的水平上显著。

二、空间外溢效应的依赖条件检验

根据表4.4和表4.5时空地理加权回归模型估计可知，在时间和空间的双重因素下，财政支出对城镇贫困、农村贫困的影响具有区域差异特征。方差分析结果表明，财政支出、城镇贫困、农村贫困、经济发展水平存在着明显的个体差异，且对城镇贫困和农村贫困存在空间非平稳性特征，区域“城镇贫困”和“农村贫困”存在局部空间异质性，意味着财政支出对城镇贫困、农村贫困的影响效应具有空间异质性特征。

表4.4　城镇贫困的GTWR回归模型分位估计结果

变量	平均值	最大值	最小值	标准差
intercept	0.491***	1.347	0.713	0.941
fiscal	-0.048***	1.365	-4.766	0.114
agri	-0.167***	0.693	-1.280	0.119
medi	0.012***	0.895	-3.977	0.116
pgdp	0.402***	3.081	-0.381	0.117
	SS	DF	MS	F
OLS残差	3.578	5		
GTWR改善	1.395	2.635	0.527	
GTWR残差	2.183	23.378	0.093	5.645***

注：***表示在1%的水平上显著。

表4.5　农村贫困的GTWR回归模型分位估计结果

变量	平均值	最大值	最小值	标准差
intercept	0.321***	1.251	0.622	0.897
fiscal	-0.022***	1.102	-4.130	0.122
agri	-0.140***	0.327	-1.137	0.107
medi	0.009***	0.741	-3.288	0.103

续表

变量	平均值	最大值	最小值	标准差
pgdp	0.356***	2.852	-0.214	0.104
	SS	DF	MS	F
OLS 残差	3.442	5		
GTWR 改善	1.182	2.154	0.486	
GTWR 残差	2.260	21.032	0.087	5.264***

注：*** 表示在1%的水平上显著。

三、考虑空间溢出效应的计量估计分析

本书基于地理距离与经济距离结合的空间混合权重矩阵，采用能够有效消除内生性问题的极大似然估计法，运用空间 Durbin 模型和空间半参数 Durbin 模型进行回归估计（见表4.6）。根据 Hausman 检验和 LR 检验可知选择随机效应模型，说明研究检验结果具有可信度。从模型估计结果可知，空间自回归系数（ρ）显著为正，说明本地区城镇贫困（农村贫困）与相邻地区城镇贫困（农村贫困）存在正的空间溢出效应。

表4.6　　空间半参数非线性 Durbin 模型回归结果

变量	空间 Durbin 模型				变量	空间半参数 Durbin 模型	
	模型Ⅰ	模型Ⅱ	模型Ⅲ	模型Ⅳ		模型Ⅴ	模型Ⅵ
lnfiscal	0.150*** (7.69)		0.091*** (4.56)		lnfiscal	见偏导数图4.1	见偏导数图4.2
agri		0.001*** (4.50)		0.003*** (8.47)	lnpgdp	0.085*** (4.34)	0.149*** (6.39)
medi		0.002*** (6.59)		0.003*** (7.59)	W_lnfiscal	-0.107*** (-3.94)	-0.030* (-1.93)
lnpgdp	0.108*** (5.35)	0.161*** (10.31)	0.174*** (7.71)	0.180*** (10.27)	W_lnpgdp	-0.052* (-1.84)	-0.106*** (-3.12)

续表

变量	空间 Durbin 模型				变量	空间半参数 Durbin 模型	
	模型Ⅰ	模型Ⅱ	模型Ⅲ	模型Ⅳ		模型Ⅴ	模型Ⅵ
W_lnfiscal	-0.102*** (-3.91)		-0.022* (-1.75)				
W_agri		0.001* (1.82)		0.005** (3.00)			
W_medi		0.002*** (5.99)		0.004*** (6.11)			
W_lnpgdp	-0.057** (-2.01)	-0.014* (-1.71)	-0.110*** (-3.27)	-0.016* (-1.89)			
ρ	0.864*** (54.12)	0.740*** (28.22)	0.720*** (24.94)	0.692*** (22.29)	ρ	0.866*** (55.55)	0.721*** (25.28)
截距项	0.329** (2.50)	0.702*** (6.73)	1.221*** (6.66)	1.051*** (8.24)	截距项	0.346** (2.54)	1.325*** (7.24)
R-squared	0.875	0.896	0.937	0.932	R-squared	0.861	0.932

注：*、**、***分别代表在10%、5%和1%的统计水平上显著，括号内为t值。模型Ⅰ和模型Ⅴ是财政支出城镇减贫模型，模型Ⅱ是财政支出结构城镇减贫模型，模型Ⅲ和模型Ⅵ是财政支出农村减贫模型，模型Ⅳ是财政支出结构农村减贫模型，模型Ⅴ是财政支出减贫模型。

财政支出（*lnfiscal*）对城镇贫困和农村贫困的估计系数显著为正。此外，比较财政支出对城镇贫困和农村贫困的估计系数发现，财政支出对城镇贫困作用要远远高于对农村贫困作用。城镇地区独特的地理位置优势有助于吸引外来资金、技术，财政支出能够有效提供就业机会和促进经济增长，从而提高贫困居民的收入和获得经济增长带来的福利。贫困地区的资源配置的经济环境等因素水平较低，贫困居民参与经济活动的能力较低，获取经济发展产生的社会福利和效益较低，这样就会削弱到财政支出对减贫效应的积极影响。

财政支出竞争（*W_lnfiscal*）对城镇贫困和农村贫困的估计系数显著为负。这说明本地区财政支出与相邻地区财政支出存在负的空间溢出效应。区域财政支出具有很强的“反馈效应”和外部传导性，财政支出通过经济和资本在区域间进行传染和扩散。然而，由于财政资源是有限的，财政支出竞争会导致地区间扶贫资金投入的不平衡，贫困地区受到经济发展和扶贫措施滞后的影响，从而造成贫困居民收入的增长效应遭受一定程度的损失。

从偏导数图 4.1 和偏导数图 4.2 可知，财政支出对城镇贫困和农村贫困存在非线性溢出效应。经济发展初期，财政支出与经济增长形成合力，能够让贫困地区和贫困居民获取收入和提高脱贫渠道。然而，财政支出竞争导致居民收入差距拉大，财政支出的溢出作用会被收入差距的逆向作用抵消，这导致财政支出减贫效应呈现出并非单调递增的“拐点”特征。

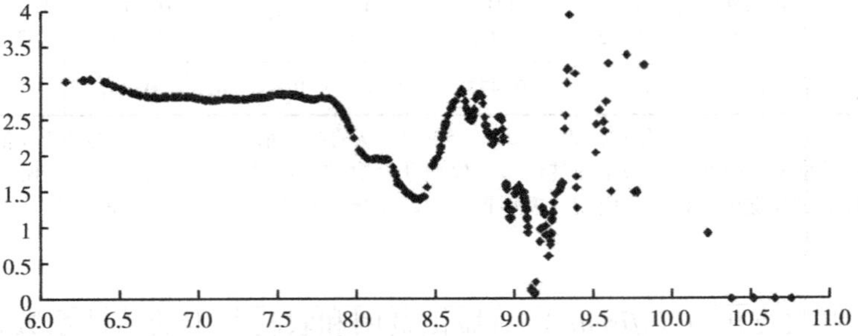

图 4.1　财政支出对城镇贫困的偏导数图

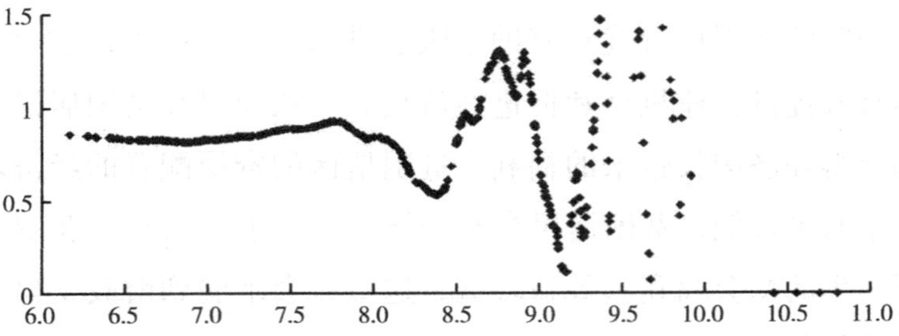

图 4.2　财政支出对农村贫困的偏导数图

支农支出（*agri*）和支农支出竞争（*W_agri*）对城镇贫困

和农村贫困的估计系数显著为正。财政支农支出能够改善农业再生产的固定资产投资，提高农业产出和农业生产率，增加贫困人口收入来源的多样化。医疗卫生支出（*medi*）和医疗卫生支出竞争（*W_medi*）对城镇贫困和农村贫困的估计系数显著为正。医疗卫生支出对减贫效应具有明显的显性加速效应。

四、结论与启示

本书通过空间半参数非线性 Durbin 模型构建和估计，实证检验我国财政支出对贫困治理的空间非线性效应。本书主要得到以下结论：城镇贫困和农村贫困在区域间具有显著的正向空间依赖性，本地区贫困程度的减少对相邻地区减贫工作具有促进作用。因此，我国贫困地区呈现出集中连片的分块聚集特征；财政支出、支农支出和医疗卫生支出对减贫存在显著的促进作用；支农支出和医疗卫生支出在区域间呈现出显著的正向空间外溢效应；而财政支出在区域间呈现出显著的负向空间外溢效应，即财政支出竞争会对相邻地区减贫效应起到抑制作用。

第一，加大政府财政扶贫投入规模。财政支出具有显著的减贫效应，政府是扶贫资金的主要来源，财政扶贫资金投入的规模和力度对减贫效果具有重要作用，要充分调动和提高政府扶贫能动性，将财政扶贫资金用于民生服务上，注重民生服务支出的受益群体分析，着力构建科学的城乡贫困人口的显示机制，使财政支出政策与农业政策、土地政策等政策形成合力，有效提高贫困地区和贫困居民的政策瞄准机制，有效发挥财政政策体系在减贫方面的有效实现（吴本健等，2019）[338]。

第二，财政支农支出和医疗卫生支出对贫困治理具有显著的积极作用。首先，我国贫困现象和贫困治理问题具有长期性和反复性，政府需要从财政支农支出力度等政策方面提高贫困地区的农业发展水平，并促进与农业相关联的产业发展，解决贫困居民生活需要和强化贫困居民生产能力，从而实现提高财政支农支出对贫困治理的积极作用。此外，实证结果表明，财政支农支出的减贫效应具有正向溢出效应。财政支农支出辐射能力强的地区，政府应该加大对此类地区财政支农投入力度，充分发挥此类地区财政支农支出减贫效应的正外部性，合理优化财政支农支出的区域结构，从而带动相邻地区贫困居民收入增长，促进我国财政支农支出对贫困治理的区域均衡发展。其次，加大政府医疗卫生支出。医疗卫生支出能够有效保证贫困地区和贫困居民的基本医疗卫生服务。我国政府应该推进医疗卫生服务区域均等化机制，保障和满足贫困地区和贫困居民对医疗卫生的需求。此外，实证结果表明，医疗卫生支出对贫困治理具有正向溢出效应。医疗卫生支出辐射能力强的地区，政府加大医疗卫生投入，充分发挥此类地区医疗卫生支出减贫效应的正外部性，并结合地区医疗发展水平和公共卫生服务水平，采取不同地区医疗卫生投入力度的差异性策略与措施，促进我国医疗卫生支出对贫困治理的区域均衡发展。

第三，财政支出对贫困治理具有区域差异性和空间异质性。政府财政转移支付能够有效缩小区域间和居民间的收入差距。然而，政府财政转移支付往往具有马太效应的特性，政府财政转移支付规模过大，会导致地方政府激励作用和运行效率降低。因此，政府针对不同区域制定相应的财政扶贫政策，有效利用地区间贫困治理的正向空间效应，解决区域性贫困问题和降低区域性贫困程度。

第五节　扩展性分析：财政教育支出与贫困治理

我国现有减贫政策主要以救济式扶贫和开发式扶贫为主，未能形成基于能力扶贫的内生减贫机制①。教育在农村地区可持续减贫中具有能力扶贫的作用，财政教育支出是否能够产生空间溢出效应和空间关联效应能缓解和减少农村贫困。因此，研究财政教育支出的农村减贫空间关联效应具有重要理论和现实意义[339]。

国内外关于财政教育支出对农村贫困发生的影响体现在两个方面：一方面，财政教育支出的增加能够提高贫困地区教育投入水平和质量；另一方面，教育财政支出能够通过增强贫困地区和贫困居民的生产能力，对贫困治理产生间接作用（Senia，2006；Bonal，2007）[340-341]。在暂时的资助下脱离贫困不代表能永远脱离贫困（Hayami，2005；谢秀军，2013）[342-343]，财政教育投入能够有效提高贫困地区和贫困居民生存能力，使得贫困地区和贫困居民拥有改善生活条件的方式（刘修岩和章元，2007；杨俊和黄潇，2010）[344-345]。教育财政扶贫是针对贫困人口进行教育投入和教育资助服务，可以提高贫困人口的人力资本质量及其市场回报（Castro-Lealf et al.，1999；Fan et al.，2005）[346-347]，使贫困人口掌握脱贫致富的知识和技能（Mankiw et al.，1992；谢君君，2012）[348-349]，在分配中性的环境中，政府的教育财政支出在减贫过程中发挥着主导作用（Dollar and Kraay，2002）[350]。在教育财政支出有限的背景下，教育效能存在平均受教育年限增加和教育质量提升的权衡替代，这可能导致教育财政支出对贫困减缓产生不同影响（杜凤莲和孙婧芳，2011）[351]，教育与减贫的关系并非简单正向关联，教育财政支出在减贫过程中存在着明显的门槛特征，教育财政支出的不同阶段对地区贫困较少产生不同影响（姚洪心和王喜意，2009；单德朋，2012）[352-353]。此外，教育可以增强新技术的模仿和吸纳能力（刘修岩等，2007）[354]，教育财政支

---

① 此部分内容已发表在2018年第6期《财经理论与实践》的文章《财政教育支出的农村减贫效应研究——基于网络空间结构的分析》。

出强度与贫困发生率具有区域差异性、空间依赖性和空间溢出效应（邓宏亮等，2015；李盛基等，2016）[355-356]。综上所述，现有文献研究对我国财政教育支出减贫的空间“相邻”效应进行了研究，无法揭示财政教育支出对农村减贫的空间关联影响效应。因此，本书构建修正的引力模型测算我国财政教育支出的空间关联网络关系，以及财政教育支出对农村减贫的空间关联影响效应，以期为我国财政教育支出减贫的改革提供全新视角。

一、我国财政教育支出空间关联网络分析

基于修正的引力模型，本书构建出我国财政教育支出①空间溢出的关系矩阵。图4.3展示的是我国财政教育支出的空间关联网络。由图4.3可知，我国财政教育支出呈现出复杂的和多线程的

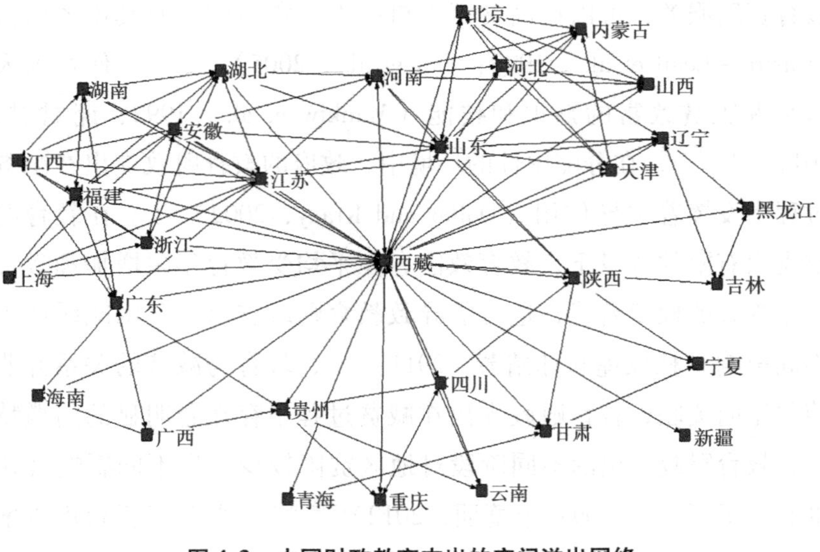

图4.3　中国财政教育支出的空间溢出网络

① 国家财政性教育经费包括公共财政预算教育经费、各级政府征收用于教育的税费、企业办学中的企业拨款、校办产业和社会服务收入用于教育的经费和其他属于国家财政性教育经费。

空间溢出关系，我国财政教育支出区域相互作用受到“邻近”效应影响和更远距离的关联关系。因此，从地理近邻效应和地区差异两个维度为探寻我国财政教育支出政策的跨区域协同治理以及实施提供了思路与依据。

接下来实证考察我国各地区财政教育支出在空间关联网络中所处的地位。由表4.7可知，在我国财政教育支出的空间网络中，平均点数中心度指数为22.80，点数中心度指数高于均值的地区有14个，经济发达的地区大多位于点数中心度高的位置上，这些地区在网络中拥有较多的关联关系数；有5个地区由于经济不发达且处于西部地区，网络中关联关系较少，难以与其他地区财政教育支出形成空间关联关系。中介中心度是指地区对其他地区财政教育支出联动关系的控制程度。中介中心度的均值为2.66，中介中心度较小的新疆、宁夏、青海、海南等省区，在财政教育支出的空间网络中更易于受中介中心度较大省份的影响。江苏、山东等省份在网络中处于中心位置，起着重要的“桥梁”和“中介”作用。接近中心度反映某个地区在网络中“不受其他地区控制”的程度。

表4.7　中国财政教育支出的空间网络中心性分析

地区	点度中心度				中介中心度		接近中心度	
	点出度	点入度	中心度	排序	中心度	排序	中心度	排序
北京	6	4	23.333	10	0.238	15	56.604	11
天津	5	4	20.000	15	0.115	18	55.556	18
河北	7	6	23.333	11	0.149	16	56.604	12
山西	3	6	20.000	16	0.046	21	55.556	19
内蒙古	1	7	23.333	12	0.149	17	56.604	13
辽宁	2	7	23.333	13	1.073	6	56.604	10
吉林	2	3	10.000	24	0.000	24	52.632	24
黑龙江	2	3	10.000	25	0.000	25	52.632	25

续表

地区	点度中心度				中介中心度		接近中心度	
	点出度	点入度	中心度	排序	中心度	排序	中心度	排序
上海	3	4	16.667	21	0.000	23	54.545	22
江苏	12	6	40.000	2	2.299	3	62.500	3
浙江	7	4	23.333	14	0.092	19	56.604	14
安徽	8	5	30.000	4	0.590	10	58.824	5
福建	2	9	30.000	5	0.498	12	58.824	7
江西	4	8	26.667	8	0.253	14	57.692	9
山东	12	7	40.000	3	2.678	2	62.500	2
河南	7	8	30.000	6	1.149	5	58.824	4
湖北	7	8	30.000	7	0.590	11	58.824	6
湖南	5	5	20.000	17	0.046	22	55.556	20
广东	7	6	26.667	9	1.456	4	57.692	8
广西	4	3	13.333	23	0.077	20	53.571	23
海南	0	3	10.000	26	0.000	26	52.632	26
重庆	3	3	10.000	27	0.000	27	52.632	27
四川	6	2	20.000	18	0.766	7	55.556	15
贵州	4	6	20.000	19	0.766	8	55.556	16
云南	2	3	10.000	28	0.000	28	52.632	28
西藏	30	14	100.00	1	68.310	1	100.00	1
陕西	4	4	20.000	20	0.766	9	55.556	17
甘肃	2	4	16.667	22	0.421	13	54.545	21
青海	1	2	6.667	30	0.000	30	51.724	30
宁夏	0	3	10.000	29	0.000	29	52.632	29
新疆	0	1	3.333	31	0.000	31	50.847	31
均值	5.10	5.10	22.80	—	2.66	—	57.20	—

接近中心度的均值为57.20。财政教育支出具有空间溢出和空间关联效应，政府应重视发挥辐射能力强省份正外部性的同时，向财政教育支出辐射能力强的地区投入更多的资金，以此弥补其

溢出效应所造成的损失。接下来进行稳健性网络的核心——边缘分析。根据修正的引力模型确定的我国地方政府非税收入的稳健性传导关系，本书测度了稳健性网络的核心度（见表4.8）。其中，核心度超过0.1的地区归为核心地区，位于核心地区的有16个，分别是西藏、江苏、山东、湖北、浙江、河南、河北、安徽、广东、四川、湖南、贵州、广西、重庆、陕西、云南，此类地区的财政教育支出产生双向溢出效应。核心度在0.001～0.1的地区归为半边缘地区，位于半边缘地区的有7个，分别是北京、江西、天津、上海、山西、福建、内蒙古，此类地区在财政教育支出上存在向其他地区进行资金溢出的现象。核心度在0.001以下的地区归为边缘地区，位于边缘地区的有8个，分别是辽宁、吉林、黑龙江、海南、甘肃、青海、宁夏、新疆。因此，我国财政教育支出联控机制应以核心地区作为改革的先行区，并协调处于半边缘位置的地区，同时兼顾处于边缘位置的地区。

表4.8 稳健性网络的核心——边缘分析

核心地区	西藏（0.718）、江苏（0.291）、山东（0.266）、湖北（0.203）、浙江（0.193）、河南（0.193）、河北（0.170）、安徽（0.163）、广东（0.151）、四川（0.148）、湖南（0.145）、贵州（0.133）、广西（0.124）、重庆（0.124）、陕西（0.112）、云南（0.105）
半边缘地区	北京（0.067）、江西（0.064）、天津（0.062）、上海（0.062）、山西（0.045）、福建（0.026）、内蒙古（0.005）
边缘地区	辽宁（0）、吉林（0）、黑龙江（0）、海南（0）、甘肃（0）、青海（0）、宁夏（0）、新疆（0）

注：括号内是各地区的核心度。

二、财政教育支出对农村减贫的影响效应分析

借鉴刘军（2014）[357]的方法，本书运用QAP分析法就我国财政教育支出对农村减贫的空间关联影响效应进行相关分析和回归

分析。我国农村减贫的影响因素还主要包括人力资本、技术发展水平、经济发展水平。影响我国农村减贫的线性模型：$Y = F(X_i)$，$i = 1,2,\cdots,4$ 。其中，Y 是根据修正引力模型确定的我国农村贫困检验确定的联动矩阵；X_1 为区域间财政教育支出差异；X_2 为区域间人力资本差异；X_3 为区域间技术发展水平差异；X_4 为区域间经济发展水平差异，以此构建空间邻接矩阵。上述指标数据可根据 2000～2015 年平均值计算绝对差异矩阵得到。其中，从收入角度对农村贫困状况进行测度；参照 Krueger 等（2001）[358] 的做法，人力资本的测算公式为：$human = \sum (mid/pop \times 9 + hig/pop \times 12 + sec/pop \times 12 + col/pop \times 16)$ 。其中，mid、hig、sec、col 和 pop 分别表示初中、普通高中、中等职业教育、高等学校在校生人数和人口总数。本书选取除港澳台地区和西藏自治区以外的全国 30 个省区市 2000～2015 年作为数据样本，数据来源于《中国统计年鉴》《中国农村统计年鉴》《中国农村贫困检测报告》《中国科技统计年鉴》《中国教育统计年鉴》及各省统计年鉴。

表 4.9　　　　QAP 相关分析结果

变量	实际相关系数	显著性水平	相关系数均值	标准差	最大值	最小值	P≥0	P≤0
X_1	-0.328	0.051	-0.001	0.182	0.630	-0.436	0.051	0.949
X_2	-0.598	0.000	0.006	0.180	0.608	-0.625	1.000	0.000
X_3	0.690	0.000	-0.002	0.181	0.725	-0.417	0.000	1.000
X_4	0.900	0.000	-0.004	0.182	0.619	-0.476	0.000	1.000

本部分采用 QAP 相关分析法检验我国财政教育支出对农村减贫的联动矩阵与相关性分析。表 4.9 的 QAP 相关分析结果表明，X_1 与 Y 的相关系数分别为 -0.328，且显著性概率为 0.051，这表明区域间的财政教育支出差异与农村减贫联动矩阵呈现显著负相关；X_2 与 Y 的相关系数为 -0.598，且显著性概率为 0.000，这表

明区域间的人力资本差异与农村减贫联动矩阵呈现显著负相关；X_3、X_4 与 Y 的相关系数分别为 0.690、0.900，且显著性概率分别为 0.000、0.000，这表明区域间技术发展水平差异、经济发展水平差异与农村减贫联动矩阵呈现显著的正相关关系。

本书采用 QAP 回归分析法检验区域间财政教育支出差异及其影响因素对农村减贫联动矩阵的影响关系。随机置换次数选择 5000 次，回归结果如表 4.10 所示，调整 R－squared 为 0.625 且通过了 1% 的显著性检验，这说明区域间的财政教育支出差异、人力资本差异、技术发展水平差异和经济发展水平差异能够解释我国农村减贫影响因素联动关系。财政教育支出的区域差异对农村减贫的空间溢出回归系数为 －0.198，且通过了 5% 的显著性水平检验。财政教育支出的增加能够减轻农村贫困家庭的教育投入，增强受教育者摆脱贫困能力的间接效应减少农村贫困，防止现有贫困状况恶化。财政教育支出具有空间溢出效应，可以从相邻地区获得财政教育支出的正外部性[359]。然而地区间贫困存在不流动性，农村地区存在持续贫困（慢性贫困）现象。财政教育支出的区域差异变高，意味着财政教育支出未能实现资源的优化配置和贫困减缓。人力资本的区域差异对农村减贫的空间溢出回归系数为 －816.64，通过了 10% 的显著性水平检验。我国财政教育支出主要是通过提高农村居民的人力资本而促进农业生产，从而减少农村贫困。随着中国扶贫开发工作的持续推进，产业结构导致低技能劳动力市场扭曲，贫困人口逐渐远离经济相对较发达的地区，并向经济落后地区集聚，形成农村贫困化的“孤岛效应”。人力资本的区域差异变大意味着农村贫困地区形成了地域性贫困。技术发展水平的区域差异和经济发展水平的区域差异对农村减贫的空间溢出回归系数分别为 0.065 和 0.142，且均通过 10% 的显著性水平检验。我国农村地区主要以农林牧渔水利业等第一产业为主，农村地区离技术前沿较远，生产率提升主要依赖技术模仿，地区发展差距持续拉大，持续经济增长依然是农村地区减贫的重要渠道，技术发展水平和经济发展水平的空间溢出效应能够带动农村收入增加[360]。

表 4.10　　　　QAP 回归分析结果

变量	非标准化回归系数	标准化回归系数	显著性概率值	概率 1	概率 2
截距	0.001	0.000	—	—	—
X_1	-0.198	-0.037	0.021	0.021	0.980
X_2	-816.64	-0.026	0.079	0.079	0.922
X_3	0.065	0.166	0.087	0.087	0.914
X_4	0.142	0.821	0.001	0.001	1.000

三、政策建议

本书运用修正的引力模型测算出我国财政教育支出的空间关联关系，以及财政教育支出对农村减贫的空间关联影响效应。空间关联网络研究结论表明，我国财政教育支出在空间关联上呈现出复杂的、多线程的网络结构。QAP 回归分析结果表明，区域间财政教育支出差异和人力资本差异与农村贫困联动矩阵呈现显著负相关关系，区域间技术发展水平差异和经济发展水平差异与农村贫困联动矩阵呈现显著正相关关系。

地方政府财政教育支出的多线程网络结构特征为推进财政教育支出农村减贫的管理提供了新的视角与依据。第一，我国财政教育支出区域间普遍存在空间联动关系，即区域间多线程的复杂网络结构关系。基于此，国家在农村减贫的过程中，财政教育支出的分配上，应树立区域协同治理理念，实施区域梯度推进策略。对于核心的地区，要重视自身的空间溢出而产生的引领或示范效应。此类地区通过在联动网络中的引领作用其他地区，实施从严调控策略，并作为改革的先行先试地区。对于半边缘地区，扮演着“跟随”角色，可以作为管理改革的经验推广区域[361]。第二，财政教育支出联动网络特征为制定差别化的农村减贫政策提供了依据，针对不同板块特点制定区域性调控政策。QAP分析结果揭示了财政教育支出对农村贫困影响联动关系的复杂性，为加快财政教育支出管理改革、改善农村贫困治理提供了新的思路。在我国农村减贫的过程中，地区间财政教育支出和教育资源差异变大，会导致劳动力市场扭曲和农村居民收入减少[362]，充分发挥财政教育支出的空间溢出效应，提高财政教育支出在贫困治理的使用效率和区域联动治理作用。综上所述，地区间财政教育支出强度不同，其农村减贫弹性也不会相同，财政教育支出的农村减贫效应存在着差异性。政府在制定农村减贫的政策时，需要考虑财政教育支出空间溢出作用和空间关联效应，降低辐射能力强省份的空间外溢损失，优化教育财政支出的区域空间布局，从而实现我国区域贫困治理的空间联动效用。因此，本书提出应该制定区域联动贫困治理的财政教育支出政策。

第六节 扩展性分析：财政转移支付与贫困治理

目前，全球仍有13亿人面临贫困问题（2019年度《全球多维贫困指数》），如何解决贫困问题是我国所面临的持续性难题。改革开放以来，我国政府实施了《国家八七扶贫攻坚计划》（1994～2000年）和《中国农村扶贫开发纲要》（2001～2010年），同时我国政府不断加大地方转移支付，地方转移性支付预算从1995年的20亿元，上升到2015年的50764.71亿元。转移支付的增加带来贫困治理成效的提高，我国贫困发生率到2018年降低到1.7%（《中国的减贫行动与人权进步》白皮书）。由此可知，政府通过财政转移方式能够为贫困地区和贫困居民提供优质条件（李丹等，2019；李晓嘉等，2020）[363-364]。

我国从1994年施行分税制改革后，中央财政对地方政府的财政转移支付包含四个部分，分别为财力性转移支付、专项转移支付、税收返还和体制补助四种方式。2009年，为进一步规范财政转移支付制度，财政转移支付被简化为一般性转移支付、专项转移支付两类。财政转移支付对贫困治理的影响效应，研究者主要从以下三个方面进行分析：（1）财政转移支付对贫困治理具有正向作用（Cox et al.，2004；苏春红和解垩，2015）[365-366]。财政转移支付能够有效提高贫困地区资本，进而降低地区间收入不平等现象（Brady，2005；Dimova and Wolff，2008；Gertler et al.，2012）[367-369]。（2）财政转移支付对贫困治理没有显著影响作用（Skoufias and Maro，2008）[370]。财政转移支付制度的不完善、财政转移支付资金使用的不合理是主要原因（樊丽明和解垩，2014；Ravallion and Chen，2015）[371-372]。（3）财政转移支付对贫困治理在短期内具有促进作用。长期财政转移支付会破坏经济增长（Lal and Sharma，2009；宋颜群和解垩，2020）[373-374]，从而使得贫困居民陷入贫困"陷阱"之中（解垩，2010；陈国强等，2018）[375-376]。研究数据大多基于中国家庭追踪调查等微观数据（解垩，2017）[377]。本书基于县级面板数据，通过构建"贫困县资格→财政转移支付→减贫效应"之间的模糊断点回归模型，探究财政转移支付对贫困治理的影响效应，并构建非参数核模型检验模糊断点回归模型的稳定性。

一、模型设定与数据来源

（一）模型构建

模糊断点回归模型（FRD）定义了解释变量 income（各县市

农民人均纯收入的对数值），同时将是否具有国家级贫困县资格定义为 FRD 模型的处理变量，以 dummy 表示：

$$dummy_i \begin{cases} 1 & \text{属于国家级贫困县} \\ 0 & \text{不属于国家级贫困县} \end{cases} \tag{4.21}$$

其中，$dummy_i = 1$，表示第 i 个县属于国家级贫困县，$dummy_i = 0$ 则代表该县不是国家级贫困县。本书根据乔俊峰和陈荣汾（2019）[378] 等研究方法，以是否属于国家级贫困县作为外生变量，采用断点回归估计方法，消除模型内生性问题。故在式（4.21）的条件下，FRD 模型的第一阶段回归可表示为：

$$\text{Transfer}_{it} = \alpha_1 + \beta_1 dummy_{it} + f(sep_{it}) + \gamma_1 X_{it} + \pi_t + \varepsilon_1 \tag{4.22}$$

$$\text{Income}_{it} = \alpha_2 + \beta_2 \hat{Transfer}_{it} + f(sep_{it}) + \gamma_2 X_{it} + \pi_t + \varepsilon_2 \tag{4.23}$$

其中，处理变量为 Transfer_{it}，是指 i 县在 t 年时专项转移支付的对数值。分组变量为 sep_{it}，是指 1992 年农民人均纯收入与 400 元之差。$\hat{Transfer}_{it}$ 为一阶段回归中被解释变量的预测值，f（sep_{it}）为分组变量与 $dummy_{it}$ 交互项的多项式函数，π_t 为年度固定效应，本书的控制变量 X_{it} 为各县 GDP 以及民生性支出的对数取值。其中式（4.22）和式（4.23）的 FRD 模型参数可由 2SLS 方法估计得到。

局部平均处理效应（LATE）的识别：由于在模糊断点的情况下，处理变量 transfer 不仅会受到分组变量 sep 的影响而且其他不可观测的因素也能对模型结果造成干扰，会导致处理变量与模型扰动项 ε 相关，使得 OLS 估计量不一致，这也为识别断点处的局部平均效应设置了障碍。为了能够在模糊断点条件下有效识别出 LATE，需要先引入如下假设：设分组变量 sep，则（$\text{Income}_1 - \text{Income}_0$）独立于 D，即（$\text{Income}_{1i} - \text{Income}_{0i}) \perp D_i | sep_i$。

其中，$Income_1$ 表示属于国家级贫困县的农民人均纯收入，$Income_0$ 表示非国家级贫困县的农民人均纯收入。i 表示第 i 个县，而 D 则指的是：

$$D_i\begin{cases}1 & Income_i \geqslant 400\\0 & Income_i < 400\end{cases} \tag{4.24}$$

在此假设下，意味着给定分组变量 sep 的条件下，D 能够与 $Income_0$ 相关，但与农民人均纯收入的增益，即 $Income_1 - Income_0$ 无关。由于 $Income = Income_0 + D(Income_1 - Income_0)$，因此有：

$$\begin{aligned}E(Income \mid sep) &= E(Income_0 \mid sep) + E(D(Income_1 - Income_0) \mid sep)\\&= E(Income_0 \mid sep) + E(D \mid sep) \cdot\\&\quad E[(Income_1 - Income_0) \mid sep]\end{aligned} \tag{4.25}$$

其中，$E[(Income_1 - Income_0) \mid sep]$就是我们需要估计的平均处理效应，而 $E(D \mid sep)$就是倾向得分。对式（4.25）两边同时取右极限（$sep \to 0^+$）可得：

$$\begin{aligned}\lim_{sep\to0^+} E(Income \mid sep) = \lim_{sep\to0^+} E(Income_0 \mid sep) + \lim_{sep\to0^+} E(D \mid sep) \cdot\\E[(Income_1 - Income_0) \mid sep]\end{aligned} \tag{4.26}$$

同理，对式（4.25）两边取左极限（$sep \to 0^-$）可得：

$$\begin{aligned}\lim_{sep\to0^-} E(Income \mid sep) = \lim_{sep\to0^-} E(Income_0 \mid sep) + \lim_{sep\to0^-} E(D \mid sep) \cdot\\E[(Income_1 - Income_0) \mid sep]\end{aligned} \tag{4.27}$$

若假设 $E(D \mid sep)$，$E(Income_0 \mid sep)$ 与 $E(Income_1 \mid sep)$ 在 $sep = 0$ 处连续，则左右极限相等，故 $\lim_{sep\to0^+} E(Income_0 \mid sep) = \lim_{sep\to0^-} E(Income_0 \mid sep)$，而且有：

$$\begin{aligned}\lim_{sep\to0^+} E[(Income_1 - Income_0) \mid sep] &= \lim_{sep\to0^-} E[(Income_1 - Income_0) \mid sep]\\&= E[(Income_1 - Income_0) \mid sep]\end{aligned} \tag{4.28}$$

为此将式（4.26）减去式（4.27）得到：

$$\lim_{sep\to 0^+} E(Income\mid sep) - \lim_{sep\to 0^-} E(Income\mid sep) = [\lim_{sep\to 0^+} E(D\mid sep) - \lim_{sep\to 0^-} E(D\mid sep)]\cdot E[(Income_1 - Income_0)\mid sep=0] \tag{4.29}$$

由模糊断定回归的定义可知，$\lim_{sep\to 0^+} E(D\mid sep) - \lim_{sep\to 0^-} E(D\mid sep) = b - a \neq 0$，故有：

$$LATE = E[(Income_1 - Income_0)\mid sep=0] = \frac{\lim_{sep\to 0^+} E(Income\mid sep) - \lim_{sep\to 0^-} E(Income\mid sep)}{\lim_{sep\to 0^+} E(D\mid sep) - \lim_{sep\to 0^-} E(D\mid sep)} \tag{4.30}$$

（二）数据说明

减贫效应指标数据：农民人均纯收入是衡量各县（市）人民的消费水平、财产水平、投资能力的重要指标，能够反映出农村居民的生活水平与实际的贫困状况，在测算减贫效应上具有显著作用。因此，收集1999～2007年全国多个县市的农民人均纯收入作为度量减贫效应的数据。

处理变量数据：本书将考察专项转移支付对于地区减贫效应的影响。本书已收集1999～2007年的全国25个省区市，769个县（市）的专项转移支付数据以及各县（市）名称数据。分组变量数据：收集1992年我国各县（市）的农民人均纯收入数据以及国家贫困县名单数据，并将分组变量数据设定为各县（市）农民人均纯收入与400元之差；将全国各县（市）按照是否属于国家贫困县作为虚拟变量数据，属于贫困县则设定为1，否则为0。前定变量数据：在本书中选择民生性支出作为前定变量数据。其中，民生性支出是指包括医疗卫生、文化体育与传媒、社会保障和就业、环境保护、城乡社区事物、农林水事物、交通运输支出在内的支出之和。民生性支出作为财政支出中的一部分，能够实现改进民生、提高人民福利水平，在减贫脱贫的过程之中也具有一定的影响。

本书中的减贫效应指标数据、专项转移支付数据、民生性支出数据来源于全国各省区市的统计年鉴以及《全国地市县财政统计资料》。贫困县名单来源于1994年国务院扶贫开发领导小组办公室，依据1992年人均纯收入作为标准，将低于400元的县全部纳入国家贫困县名单中。本书的样本区间为1999～2007年。在数据收集完成后需要对数据进行预处理：（1）除符合国家贫困县的纳入标准之外，一部分革命老区、少数民族地区以及边疆地区（通常合称为"老少边穷"）的县（市），虽然有一些县（市）不满足人均纯收入小于400元的标准，但也被作为国家扶贫的对象，本书剔除这些特殊的县（市）保持数据的统一性。（2）由于数据缺失和财政体系不同，本书将北京、上海、天津、重庆、青海、西藏、台湾等地区剔除。对于在1999～2007年中行政区存在变更的县（市）也将被剔除。另外，为消除价格因素影响，本书以1999年为基期，运用GDP平减指数对数据进行平减。为避免离群值的影响，去除出最大及最小的1%的样本。

在表4.11中我们可以看出，断点前后人均收入、民生性支出以及人均GDP都呈现出明显的差异，这在一定程度上说明具有国家贫困县资格的县（市）与普通县（市）之间在经济底子上是明显不如的，但具有贫困县资格的县（市）在专项转移支付的收入上并不逊色于全国县（市）的平均水平，表明贫困县资格能够为县（市）带来高于正常情况下几倍的专项转移支付收入。

表4.11　　　　变量描述性统计

变量	定义	全样本		断点前		断点后	
		均值	标准差	均值	标准差	均值	标准差
income	人均纯收入	3060	1447	1362	512	3222	1403
specialfund	专项转移支付	6253	38490	5428	8649	6332	40190

续表

变量	定义	全样本		断点前		断点后	
		均值	标准差	均值	标准差	均值	标准差
pay	民生性支出	38590	220200	21510	14500	40220	230400
pergdp	人均 GDP	8120	6970	3069	1787	8602	7089

二、实证结果分析

（一）模型估计和分析

本书通过简单的变量统计描述可感性地了解到断点前后存在着明显的不同，此处以绘制图形的方式进一步展示指标体系中的减贫效应指标是否在断点处存在断点，也为构建具体的模糊断点回归模型提供可行性依据，具体如图 4.4 所示。

从图 4.4 中可以明显地发现，在断点两侧人均纯收入发生了跳跃，印证了描述统计中直观判断的正确性。通过对全国 25 个省区市共 769 个县在 1999～2007 年的专项转移支付、民生性支出等数据构建模糊断点回归模型。应用两阶段最小二乘方法（2SLS）估计模型参数。在表 4.12 之中，是模型的回归结果。为验证模型的稳健性，本书通过手动设定不同的带宽，分析在不同带宽的水平下，模型的参数是否显著。从一阶段回归结果来看，带宽为全样本、40 时模型的 dummy（贫困县资格）系数在 1% 的显著性水平上均显著。且在不同带宽的情况下模型的决定系数 R^2 均大于 0.7，模型的拟合程度较高。其中具有国家级贫困县资格的县（市）能够使专项转移支付提高 2.4 万元左右。从二阶段回归结果可以看出，专项转移支付的系数在 1% 的水平上均显著，而且决定系数均大于 0.93。在其他条件不变的情况下，转移支付每增加 1 万元，能够使农民人均纯收入增加 0.482 元左右。总体而言，模型的参数均能够在1%的水平上显著，模型稳健性较强。

表4.12　　断点回归结果

	1	2	3	4
一阶段				
	全样本	40	80	120
贫困县资格	0.9140*** (0.172)	1.2792*** (0.290)	1.0140* (0.564)	0.3070 (0.444)
N	6921	369	864	1476
R2	0.7356	0.7173	0.7454	0.7157
二阶段				
农民人均纯收入	0.3410*** (0.014)	0.2853*** (0.026)	0.3976*** (0.031)	0.06352*** (0.018)
年度虚拟变量	Y	Y	Y	Y
多项式阶数	1	1	1	1
N	6921	369	864	1476
R2	0.9542	0.9341	0.9415	0.9516

注：***、*分别表示在1%、10%的水平上显著。

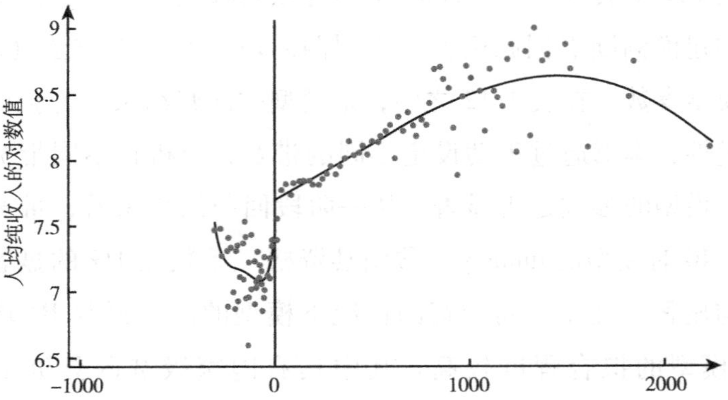

图4.4　1992年农民人均纯收入与400元之差

通过模型的结果的一般分析证明了专项转移支付的提高能够显著提高农民的人均纯收入。这是因为专项转移支付一般是上级政府指定地方政府用于特定用途的资金，以帮助地方政府达到设定的经济社会的发展目标，具有很强的目的性，能够在较短的时间内呈现出明显的作用。一般而言，在欠发达地区专项转移支付的效用通常要高于发达地区，专项转移支付对于欠发达地区的经济发展能够起到正向的激励作用。

（二）模型有效性检验

断点回归结果的有效性需要具备两个前提条件：分组变量应具有随机性，即在断点处能够连续不间断；在一阶段回归中，专项转移支付在断点两端应存在显著“跳跃”，因此需要对此进行检验。

1. McCrary 检验

本书运用 McCrary 方法对分组变量的随机性进行检验，考察分组变量在断点处的分布情况，结果如图 4.5 所示。分组变量在断点处存在不太明显的变动，核密度函数在断点处处于连续状态。因此，分组变量在断点处的两端未受到附近样本的影响，呈现出随机分布状态，由此说明不存在通过修改农民人均纯收入而使得一些县市被划入国家级贫困县中。

2. 检验处理变量在断点处的变动

通过检验处理变量（即专项转移支付）在断点两端是否存在的显著变动，作为验证第二个条件能否成立。根据图 4.6 的信息可以发现，图中的竖线表示农民人均纯收入与 400 元之差，在竖线左端表示农民纯收入低于 400 元，其专项转移支付明显高于竖线右端，说明国家财政对于拥有贫困县资格的地区给予了转移支付上的倾斜。其中，竖线两端的专项转移支付跳跃的幅度约为 0.7，具有国家级贫困县资格的县市能够多获得 2.1 亿元左右的专项转移支付与表 4.12 中的第一阶段回归的系数相接近。

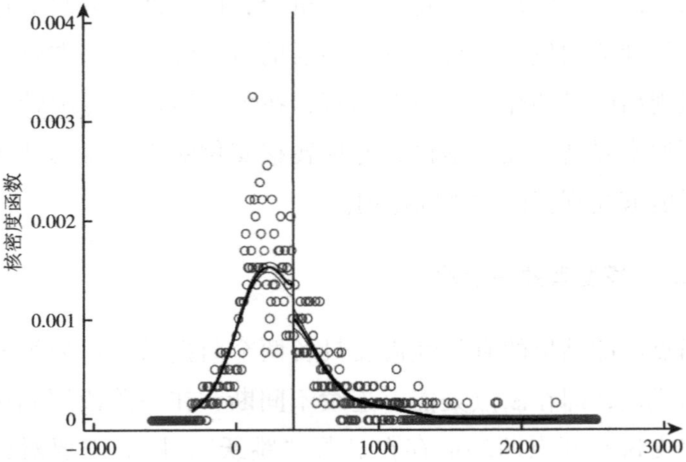

图 4.5　1992 年农民人均纯收入 400 元处 McCrary 检验

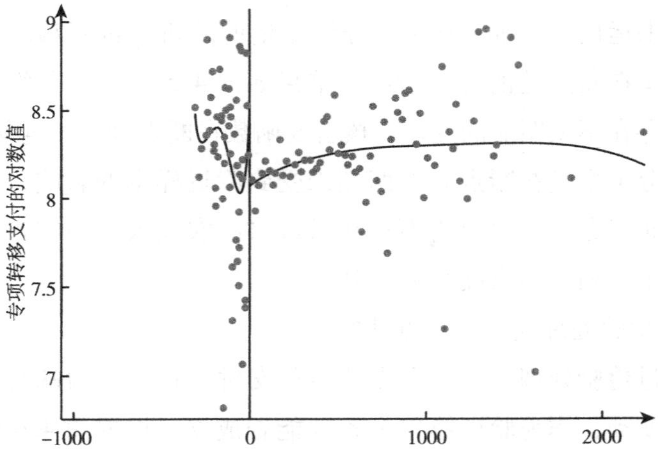

图 4.6　1992 年专项转移支付与 400 元之差

3. 检验前定变量在断点处的变动

从图 4.7 中，在 x =0 的竖线两侧民生性支出的对数值基本黏合不存在显著的跳跃，故在断点处前定变量是连续的为此能够表明减贫效应产生的误差应当全部归功于处理效应（专项转移支付）。

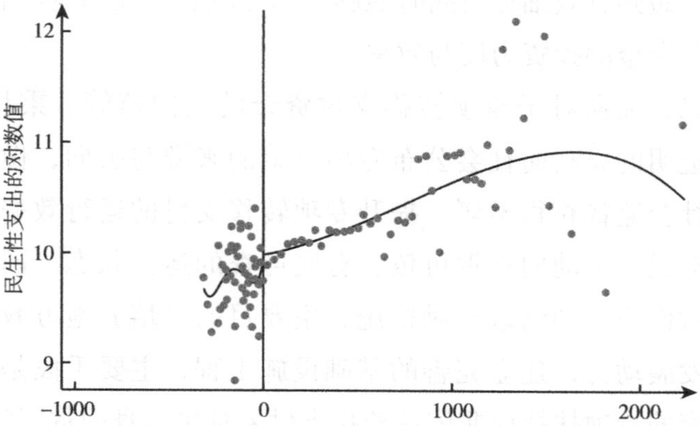

图 4.7 1992 年民生性支出与 400 元之差

（三）结论与政策建议

本书通过根据 1999～2007 年的县级面板数据，对专项转移支付数额、是否属于国家级贫困县以及农民人均纯收入之间的关系建立模糊断点回归模型，研究用于国家级贫困县资格对于专项转移支付的影响，并进一步分析专项转移支付的增加能够带动农民人均纯收入增长的数额。研究结论表明，拥有国家级贫困县资格的县市能够使得本县的专项转移支付增加 2.4 万元左右，同时每增加 1 万元的专项转移支付就能够使得农民人均纯收入增加大约 0.482 元，专项转移支付的增加对于农民人均纯收入的提高具有积极的推动作用，所以适当增加专项转移支付能够在一定程度上解决农民人均纯收入低的问题。据此本书也提出以下一些建议。

第一，应在不影响财政支出健康状态的条件下，适度提高专项转移支付数额，并细化专项转移支付资金的投入方向与领域，避免重复投入造成的资源浪费，以提高专项资金的有效性、目的性，使得专项转移支付的带动效果得到更加充分的体现。但在细化专项转移支付项目上，应保持项目之间的异质性，整合同质性的项目，做到有效细分时同时能够压缩专项转移支付的项目数量，提高专项资金的投资力度与效率。

第二，加强对于专项转移支付资金的流向监管，秉持公正、公开、透明的原则向社会公布专项资金的来源与去向，做到体制监督与社会监督相得益彰。提升专项转移支付的运行效率与服务质量，形成资金动向有据可依、有底可查的运作状态。同样专项转移支付作为一种财政激励措施，主要目的是培养地方政府形成内生的发展动力，建立完善的基础设施工程，主要手段是借力于上级政府的专项扶持而非依赖转移支付来解决自身的贫困问题。

第三，专项转移支付所支持的项目应对本地区具有较强的带动作用，并能够促进地区之间的各要素的相互补助，即本地区产业能够与周边地区产业形成合作共赢的空间，以区域之间的协同发展、要素互补加快贫困地区建立起长期可持续发展的致富模式，有力降低返贫风险更好地解决贫困县的脱贫问题。充分发挥出专项转移支付对于脱贫减贫的效能，提高每万元专项转移资金能够带动的农民人均收入的数额。

第七节　扩展性分析：旅游产业发展与贫困治理

一、引　言

由于受到区位交通、资源禀赋和分配机制等因素的干扰，贫困地区旅游经济收入的乘数效应和漏损效应始终相伴相生[379-380]，旅游业减缓贫困的直接收入效应、间接产业波及效应和消费支出诱导效应综合构成旅游经济收入的乘数效应，而贫困地区旅游业过度依赖于外部资本、技术和人才，致使旅游经济利润回流，同时又会引致旅游经济收入的漏损效应，两者此消彼长的关系共同主导旅游业对贫困的非线性减缓效应。地区经济增长可以提高区域经济发展水平、增加贫困地区居民收入、改善交通运输条件等，贫困地区资本不断积累、技术效率改善和基础设施健全等因素在减少贫困中起到重要作用[381-382]。

贫困问题是困扰我国经济社会发展的顽疾难症，消除贫困是我国实现共同富裕的目标，农村贫困状况是由自然环境、制度、人力资本因素导致的结果，《国家人口发展规划（2016~2030年）》指出，我国扶贫工作将由主要解决绝对贫困向缓解相对贫困转变，由主要解决农村贫困向统筹解决城乡贫困转变。“十四五”时期我国的首要任务是巩固拓展脱贫攻坚成果。贫困地区往往集中在山区、革命老区、边区，这些地方由于交通、历史等因素而积淀下来的旅游资源丰富，并且旅游业具有投资少、见效快以及就业门槛低、产业关联广等特点，被认为是减缓贫困的重要途径和有效工具，由此形成了诸如PPT（Pro-poor Tourism）、ST-EP（Sustainable Tourism Eliminating Poverty）、APT（Anti-Poverty Tourism）和TAP（Tourism-Assisting the Poor）等旅游发展理念[383]。近年来，我国旅游业发展迅速，产业地位显著提高。贫困地区依托自身旅游资源大力发展旅游业，积极依靠旅游业摆脱贫困致富，扶贫开发成效显著。然而，2020年突如其来的疫情严重冲击我国经济发展，扶贫工作面临着巨大的挑战。2020年5月13日，国务院总理李克强在召开的国务院常务会议中强调，要扎实做好“六稳”工作，落实保居民就业、保基本民生等“六保”任务。全国两会政府工作报告指出，落实脱贫攻坚和乡村振兴举措，提高农民生活水平。因此，研究旅游产业发展对农村贫困治理的空间理论、产出效果与政策实施具有理论上的合意性和实践上的重要意义。

旅游扶贫（pro-poor tourism，PPT）是指能够帮助贫困民众脱贫的旅游产业，着重说明能够为贫困民众带来大量的发展机会净利益[384]。旅游扶贫的中心任务是反贫困以及缓解弱势人群的贫困现状，并最终实现社会积极变迁[385]。旅游业发展可以大大减少中美洲、非洲和亚洲一些发展中国家的贫困发生率[386]。事实上，由于旅游业扶贫机制需要考虑许多制约因素，实证研究的结论并不一致。在对尼加拉瓜和哥斯达黎加的比较研究中，Croes（2014）[387]研究发现，旅游业可以大大减少尼加拉瓜的贫穷发生率，但在经济发展水平相对较高的哥斯达黎加，旅游业的工资不仅低于全国平均水平，而且无法创造大量就业机会，因此难以对旅游业形成有效的减贫效果。Croes 等（2017）[388]利用社会核算矩阵模拟了旅游业对减贫的影响，并得出结论，旅游业可以成为厄瓜多尔减贫的一个可行工具。Kim 等（2016）[389]对样本进行了扩展，审查了69 个发展中国家 1995 ~2012 年的旅游业与减贫之间的关系，发现当一个国家的人均年收入水平超过某一门槛（3400 美元）时，旅游业对减贫的影响将从正向变为负向，并指出旅游业对减贫的影响在经济增长的不同阶段是不同的。

鉴于旅游产业发展在促进脱贫工作上起着至关重要的积极作用，学者们开始探索旅游扶贫的理论与模式研究[390]，主要存在以下三个观点：（1）旅游业发展对贫困地区减贫具有乘数效应。Patterson 等（2006）[391]指出，在旅游资源充足的贫困地区，以旅游作为核心产业，通过着重促进旅游业的发展来带动该地区经济的发展，使得该地区脱离贫困。旅游产业发展能够通过加强产业链的关联[392]，优先对能够为贫困民众带来经济效益的旅游资源进行开发[393]。Manuel 等（2015）[394]指出，由于旅游资源普遍存在分散的现象，完善的交通条件有利于旅游资源开发和减贫效用提升。旅游产业能够降低就业门槛[395]，为地区带来更多的就业岗位[396]，进而缩小贫富差距问题，使得最贫困民众的经济收入获得本质的提升[397]。（2）旅游业发展对贫困地区减贫产生漏损效应。随着旅游业市场的形成和旅游回报率的降低，旅游收入在流动扩散的过程中会流出旅游地[398]，甚至加大贫富之间的差距，导致旅游减贫效应降低[399]。(3) 旅游减贫过程中具有空间关联和空间溢出效应[100]。加强不同地区的旅游产业合作，有助于贫困地区获取资金，带动贫困地区旅游产业的区域协调发展，通过旅游产业发展促进区域减贫效果更加明显[401-402]。

现有文献基于现实背景和政策事实，对旅游产业发展与贫困减缓影响关系进行理论框架和线性关系的实证考察，忽略了它们之间的非线性关系与空间异质性问题，本书试图在考察旅游产业发展与贫困减缓影响关系时，加入空间非线性效应因素，拓展已有的分析视野。

二、理论基础、模型设定与数据说明

中国不同地区的区位优势、资源禀赋、经济背景和政策等方面具有明显的不平衡性特征，对区域旅游业发展存在不同程度的影响，导致旅游发展存在显著差异。同时，区域间旅游互动关系持续演变，旅游经济发展呈现出复杂的空间关联结构，这对区域间旅游经济差异存在较大的影响，空间相依性所致的产业集聚、区位与资源禀赋、政府政策、交通可达性等影响了旅游业的空间差异，区域间的旅游减贫效应扩散至邻近区域甚至外围地区。旅游减贫的空间溢出效应机理可以通过以下几个方面解释。

(一) 极化—“涓滴”效应

在经济发展初期，一些地区具有资源丰富、区位便利、制度优越等条件，成为先进地区。随着经济规模的扩大，先进地区的资本、劳动力、技术等将向落后地区蔓延，从而形成极化—涓滴效应[403]。一是资本溢出。在区域旅游发展初期，民间资本投资遵循“追求利润”的原则，集中在旅游资源丰富、投资回报率高的地区。当集聚程度达到一定程度后，由于交通堵塞、能源短缺、生产要素供给不足等问题，资本将适度向周边地区扩散，导致周边地区旅游经济发展，从而产生旅游减贫的溢出效应。另外，政府主导的旅游开发资本遵循“公平”原则，资本投资主要倾向于周边贫困地区，以促进经济落后地区的旅游扶贫效应。二是劳动溢出效应。旅游从业人员具有较高的流动性[404]。与制造业不同，旅游业的生产力更多地取决于员工的知识、技能和服务意识。来自发达旅游区的一些高技能工人可将先进的知识和技能传播到欠发达的旅游区，以提高当地旅游业的生产力，提高旅游业在减贫方面的效率。三是技术溢出。作为服务业的基本组成部分，旅游业发展过程中的先进技术和管理模式很容易“渗透”到其他地区。

（二）示范效应

旅游扶贫具有就业壁垒低、产业联系强、动力强的拥有属性，具有很强的示范和推动作用，主要体现在：一是旅游发达地区“旅游繁荣”的典型案例可以增强周边贫困居民依靠旅游扶贫的意识和信心，形成良好的旅游扶贫群众基础。二是为了实现各自的价值诉求，旅游企业通过结构性改革、技术引进和管理升级，自觉或不自觉地模仿上级地区同行的产品、服务和管理技能，提高生产力，获得更高的利润和效率。三是发达地区旅游扶贫的成功经验对其他地区旅游扶贫具有重要的借鉴意义。我国大部分地区的旅游业发展仍处于“政府主导型旅游发展模式”阶段，在旅游资源开发、旅游市场营销和产品类型规划中起着举足轻重的作用。

（三）市场准入效应

当一个地区拥有较高的市场份额时，其周边地区可能会受到市场准入溢出效应的影响，从而更容易进入市场。由于国际旅游促销往往需要高成本和专业营销知识，市场准入溢出对国际旅游业的发展尤为重要。市场准入溢出效应减少了区域旅游业减贫的成本，提高了旅游业减贫的效果[405]。

（四）旅游流动效应

旅游业减贫的溢出效应也可能在需求方面出现。在时间和经济的约束下，一程多目的地旅游者可以选择多个目的地[406]，随着旅游者、资金、技术和先进文化向其他地区的流动，促进区域旅游的协调发展，增强旅游扶贫的空间溢出效应。

（五）竞争效应

中国主要的风景名胜类型有自然风光和人文景观。邻近地区可能有同类型的风景区。同质景区通常针对相对同质的旅游客源地，因此，周边地区的旅游开发存在竞争。在竞争压力下，地方政府和旅游企业不仅要利用现有技术提高效率，还要通过创新开发新的旅游产品。竞争效应有利于提高旅游资源配置效率，促进区域旅游业对经济的正向作用，推动旅游业扶贫开发。

综上所述，需要考虑利用空间计量模型来分析旅游产业发展对贫困减少的空间异质性和非线性关系。本书借鉴叶阿忠等（2015）[407]的空间半参数非线性 Durbin 模型（SSDM），模型设定如下：

$$Y_{it} = \alpha_i + \rho WY_{it} + \sum \beta_k X_{kit} + \sum \gamma_k WX_{kit} + G(S_{it}) + \varepsilon_{it} \tag{4.31}$$

其中，ε_{it} 为随机扰动项，i 和 t 表示第 i 个省份，下标表示第 t 年。φ 为时间滞后系数，ρ 为空间滞后系数，该系数表示的是地区贫困空间相关程度。W 为 $NT \times NT$ 的空间权重矩阵，本书采用近邻权重矩阵，若两个省份在地理上是相邻的，令 $W_{0\text{-}1} = 1$，否则为0。X_{it} 包括旅游产业发展（*tour*）、交通基础设施（*infra*）、经济发展水平（*pgdp*）和对外开放程度（*open*）。

本书选取除中国港澳台地区以外的全国 31 个省区市 2000 ~ 2017 年作为数据样本，数据来源于《中国统计年鉴》《中国农村统计年鉴》《中国农村贫困检测报告》及各省统计年鉴。为了增强实证检验结果的可信度，所有变量均利用价格指数进行平减（2000 = 100）。为了消除异方差，对所有变量取自然对数，以进一步增加数据的平稳性。基于数据可得性，城镇贫困（*urban*）按收入等级分最低 20% 城镇人口的人均可支配收入度量；农村贫困（*rural*）按收入等级分最低 20% 农村人口的人均纯收入度量。旅游资源优势度体现在旅游资源数量和多样性，旅游资源丰富且品质高的地区旅游磁性和吸引力更强，旅游扶贫可能性更高。基于此，本书通过对旅游区位熵指数测算出的旅游资源优势度表示旅游产业发展（*tour*），计算公式如下：

$$Q_i = \frac{t_i}{a_i} / \frac{t_i}{A_i} \ (\mathrm{i} = 1, 2, \cdots, \mathrm{n}) \tag{4.32}$$

其中，Q_i 为 i 地区旅游区位熵指数，t_i 为 i 地区旅游总收入，a_i 为 i 地区国民经济总收入，T_i 为全国旅游总收入，A_i 为全国国民经济总收入。控制变量：交通基础设施（*infra*）采用各地区铁路、公路和水运里程占地区土地面积的比值来衡量。经济发展水平（*pgdp*）用人均 GDP 取对数来表示。对外开放程度（*open*）选择进出口总额占 GDP 比重表示。

三、实证结果分析

（一）非线性关系检验

“旅游产业”与“城镇贫困”“农村贫困”之间并非“静态不变”，而是呈现出复杂的非线性动态变化趋势。因此，本书采用神经 BDS 方法考察各变量动态变化趋势是否存在非线性进行检验。

首先，用最优的VAR模型对“旅游产业”与“城镇贫困”“农村贫困”间的线性依存成分进行过滤，根据所得到的残差序列进行非线性检验，检验结果如表4.13所示，统计量均显著地通过了检验，这说明由于受到经济发展等外部因素的冲击，“旅游产业”与“城镇贫困”“农村贫困”在相互作用的动态变化趋势过程中存在着显著的非线性关系。因此，需要采用非线性Granger因果方法对变量进行检验。

表4.13　　基于BDS方法的非线性检验

城镇贫困		BDS检验	RESET检验	农村贫困		BDS检验	RESET检验
旅游产业	tour	0.110***	0.090***	旅游产业	tour	0.124***	0.099***
		(0.011)	(0.009)			(0.007)	(0.003)
交通设施	infra	0.104***	0.015	交通设施	infra	0.111***	0.017
		(0.004)	(0.454)			(0.002)	(0.588)
经济发展	pgdp	0.249***	0.068*	经济发展	pgdp	0.242***	0.098**
		(0.000)	(0.080)			(0.000)	(0.027)
对外开放	open	0.230***	0.077*	对外开放	open	0.237***	0.105**
		(0.000)	(0.057)			(0.000)	(0.012)

注：采用HQ信息准则对最优滞后阶数进行选定；BDS检验中嵌套维度m为4；RESET检验中检验形式为3阶多项式；括号里的值为P值；***、**和*分别表示在1%、5%和10%的水平上显著。

其次，本书采用基于VAR线性过滤的非线性Granger因果检验，分析“旅游产业”与“城镇贫困”“农村贫困”之间的相互影响关系，检验结果如表4.14所示。旅游产业发展意味着各地区通过旅游产业集聚减少贫困。然而，由于信息不对称、外部性等因素会造成旅游发展并非总是对贫困减缓产生积极作用。旅游发展并未使当地社区居民获取实质收益，也可能造成贫困地区贫富差距和相对贫困的扩大[408]。因此，统计值检验发现，“旅游产业”与“城镇贫困”“农村贫困”间存在非线性Granger因果关系。

表 4.14　基于 VAR 线性过滤的非线性 Granger 因果检验

原假设："旅游产业"不是"城镇贫困"的非线性 Granger 因果检验			原假设："旅游产业"不是"农村贫困"的非线性 Granger 因果检验		
$L_x = L_y$	T_n 检验统计量	P 值	$L_x = L_y$	T_n 检验统计量	P 值
1	0.583*	0.069	1	1.091	0.119
2	0.768	0.145	2	1.587**	0.035
3	0.442	0.192	3	1.755**	0.023
4	0.432	0.179	4	1.771**	0.025
5	0.561*	0.089	5	1.288*	0.096
6	0.552*	0.087	6	1.249	0.105
原假设："城镇贫困"不是"旅游产业"的非线性 Granger 因果检验			原假设："农村贫困"不是"旅游产业"的非线性 Granger 因果检验		
$L_x = L_y$	T_n 检验统计量	P 值	$L_x = L_y$	T_n 检验统计量	P 值
1	0.638	0.261	1	1.172	0.137
2	1.132	0.151	2	1.037	0.161
3	1.229	0.102	3	0.596	0.343
4	1.219	0.117	4	0.566	0.371
5	1.065	0.159	5	0.578	0.328
6	1.041	0.173	6	0.577	0.324

注：Lx = Ly 表示检验中残差序列的滞后阶数；T_n 检验统计量为右尾检定。** 和 * 分别表示在 5% 和 10% 的水平上显著。

（二）空间异质性检验

时空同质化忽略了传统的时间和空间维度差别，GTWR 模型在增加空间样本容量的同时，将时间维度纳入地理空间形成三维时空权重矩阵，考察在时间和空间的双重因素下"旅游产业"对"城镇贫困""农村贫困"影响的区域差异。从表 4.15 可知，回归拟合值和方差分析结果证实参数估计存在较为显著差异，各变量对区域"城镇贫困"和"农村贫困"影响效应的空间非平稳性，区域"城镇贫困"和"农村贫困"存在局部空间异质性，表明各个解释变量对区内样本点的影响是非均质的，意味着旅游产业、城镇贫困、农村贫困、经济发展水平、对外开放程度存在着明显的个体差异，这种差异导致区域旅游减贫效应在空间分布上具有显著的异质性特征。

表 4.15　　GTWR 回归模型分位估计结果

变量	平均值	最大值	最小值	标准差
intercept	0.305***	0.567	0.043	0.971
tour	0.050***	1.835	-2.534	0.118
infra	0.127***	1.119	-0.077	0.112
pgdp	0.402***	3.081	-0.381	0.117
open	0.321***	3.300	-0.334	0.111
	SS	DF	MS	F
OLS 残差	0.975	5		
GTWR 改善	0.163	1.546	0.107	
GTWR 残差	0.812	26.462	0.032	3.390***

注：*** 表示在 1% 的水平上显著。

（三）空间半参数非线性估计分析

本书基于地理距离与经济距离结合的空间混合权重矩阵，采用能够有效消除内生性问题的极大似然估计法，运用空间 Durbin 模型和空间半参数 Durbin 模型进行回归估计（见表 4.16）。根据 Hausman 检验和 LR 检验可知选择随机效应模型，空间半参数 Durbin 模型的变量方向基本与空间 Durbin 模型估计结果一样，说明研究检验结果具有可信度。从模型估计结果可知，空间自回归系数（ρ）都通过了 1% 的显著性水平检验，说明本地区城镇贫困（农村贫困）与相邻地区城镇贫困（农村贫困）存在正的空间溢出效应。

表 4.16　　空间半参数非线性 Durbin 模型回归结果

变量	空间 Durbin 模型		变量	空间半参数 Durbin 模型	
	城镇贫困模型	农村贫困模型		城镇贫困模型	农村贫困模型
tour	0.016** (1.99)	0.005* (1.94)	tour	见偏导数散点图 4.8	见偏导数散点图 4.9
infra	0.007*** (3.20)	0.001 (1.59)	infra	0.002*** (2.31)	0.125* (1.69)
pgdp	0.231*** (12.91)	0.194*** (12.95)	pgdp	0.212*** (11.98)	0.264*** (15.26)
open	0.029* (1.69)	0.114*** (7.81)	open	0.120** (2.09)	0.152*** (8.20)
W_tour	0.020*** (2.94)	0.015*** (2.68)	W_tour	0.021*** (3.07)	0.025*** (3.01)
W_infra	0.007* (1.65)	0.005*** (3.43)	W_infra	0.007** (2.25)	0.007*** (4.21)
W_pgdp	0.049* (1.84)	0.103*** (5.41)	W_pgdp	0.109* (1.75)	0.201*** (7.48)
W_open	-0.168*** (-6.82)	-0.192*** (-9.03)	W_open	-0.144*** (-5.75)	-0.265*** (-10.40)
ρ	0.703*** (24.30)	0.850*** (50.47)	ρ	0.724*** (25.51)	0.902*** (54.28)
截距项	0.894*** (8.23)	0.241*** (3.62)	截距项	0.852*** (7.39)	0.251*** (3.84)
R - squared	0.947	0.917	R - squared	0.941	0.932

注：*、**、*** 分别代表在 10%、5% 和 1% 的统计水平上显著，括号内为 t 值。

旅游产业（*lntour*）对城镇贫困和农村贫困的估计系数均通过了 10% 的显著性水平检验，且估计系数都为正。旅游产业可以通过直接作用机制和间接作用机制对贫困产生影响。直接作用机制方面，旅游业是典型的劳动密集型产业，旅游产业发展为当地居民提供就业和收入机会，从而提高贫困人口的生活水平和使子女获得教育机会，进而实现减贫目的。间接作用机制方面，旅游产业发展通过促进贫困地区经济增长和税收增加，能够促进贫困地区与旅游相关的其他行业的快速发展，给贫困地区带来相应的税收收入，形成贫困减少的乘数效应[409]，并通过经济增长和税收收入的“涓滴”效应对于贫困地区会产生积极影响，进而惠及广大的贫困人群，形成良性循环的减贫作用。

此外，比较旅游产业对城镇贫困和农村贫困的估计系数发现，旅游产业发展对城镇贫困的作用要远远高于对农村贫困的作用。自然环境、人力资本等因素导致农村贫困的产生。同时，在旅游业发展过程中，随着旅游需求扩大和旅游工资上涨，旅游业发展存在“旅游收入漏损”问题，并且旅游减贫效应可能会呈现边际递减的趋势。这会引发农村贫困地区商品和服务价格抬升，导致价格体系扭曲，不仅严重破坏了农村贫困地区传统非旅游部门竞争力，并且使得并未参与旅游经营活动的贫困人口额外承担了价格成本。由于在旅游开发过程中过度依赖外部要素支持，从而导致旅游经济收入的“漏损”效应无法避免。农村贫困的减缓效应受到抑制，甚至会出现加剧农村贫困的潜在风险，农村地区将被长期锁定在“贫困陷阱”中。

旅游产业集聚对城镇贫困和农村贫困的估计系数均通过了1%的显著性水平检验，且估计系数都为正。旅游业具有关联性强的特点，区域旅游资源具有很强的“反馈”效应和区域间传染性，旅游资源通过经济和资本在区域间进行传染和扩散，最终形成中国区域旅游业的核心—边缘空间分布模式和结构特征。我国旅游资源的分布与贫困人口的分布高度重叠，从而导致旅游减贫效应呈现区域异质性特征。旅游产业通过与邻近地区溢出效应有机结合是消除贫困的有效途径。

从图4.8和图4.9可知，旅游产业对城镇贫困和农村贫困存在非线性溢出效应。根据旅游发展的依附理论和生命周期理论，贫困地区旅游发展水平会随着旅游开发的逐步完善而阶段性地提升，在不同的旅游开发阶段，贫困人口参与旅游发展的就业形式和技能要求会有所差异，这将导致在不同旅游发展水平下旅游减贫的作用存在“U”形的非线性效应。当旅游发展水平处于低区间时，旅游开发表现为粗放式发展特征，旅游业发展主要依靠大量低技能劳动力驱动，这为贫困人口提供了较多的就业机会，贫困人口往往更易分享到旅游发展红利。随着旅游发展水平的提升，旅游开发从粗放式向集约化转型升级，贫困人口的就业门槛抬高，犹如“玻璃幕墙”将其限定在旅游就业金字塔的底端，进而限制了贫困人口的获利能力，并导致旅游业对贫困的边际减缓效应发生衰减，旅游减贫效应因旅游发展阶段不同而有显著差异。因此，旅游业对贫困的减缓效应并非一成不变，旅游业减缓贫困的影响效应呈现非线性溢出特征。

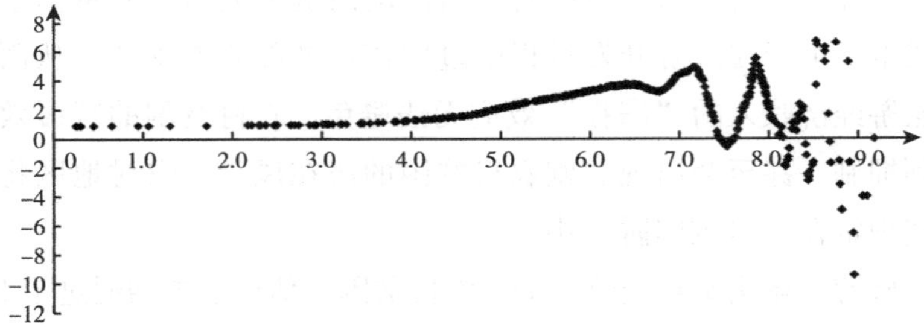

图 4.8　旅游产业对城镇贫困的偏导数

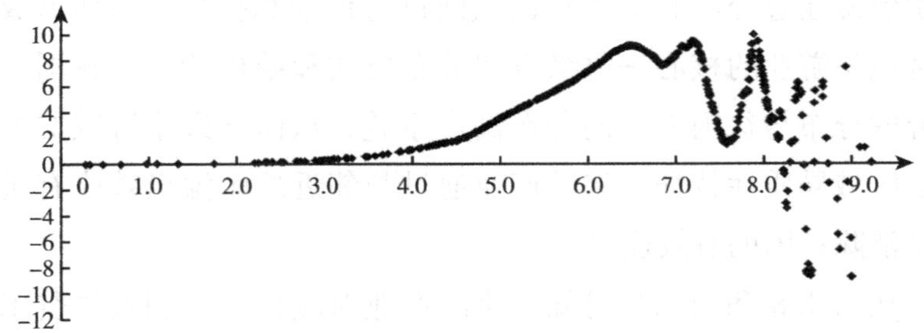

图 4.9　旅游产业对农村贫困的偏导数

四、结论与启示

我国将旅游产业作为贫困地区脱贫的主要手段，但也需要注意收入分配差距扩大问题，以避免“收入漏损”和“资源诅咒”对旅游业减缓农村贫困的抑制效应。此外，我国旅游产业在空间上呈现出“核心—边缘”的网络结构，地区间构建旅游链共享机制来提高旅游扶贫的惠及效应。因此，本书通过空间半参数非线性 Durbin 模型构建和估计，就我国旅游减贫效应的空间关联效应和空间外溢效应进行分析。实证结果表明，我国旅游产业发展、旅游产业集聚、经济发展和经济集聚对城镇贫困和农村贫困都具有正向的空间溢出效应。因此，提高我国旅游扶贫作用的关键点，是需要考虑旅游产业发展对贫困减少的空间外溢效应。

第一，加大旅游扶贫政策支持力度。旅游扶贫主要是以政策性扶持为主，地方政府应持续提高旅游扶贫资金扶持力度，解决贫困地区旅游开发项目资金难题，为旅游产业扶贫开发提供资金保障。结合农村振兴战略，出台扶贫具体措施，积极引导扶贫资金和扶贫政策向旅游扶贫倾斜，鼓励和支持各金融机构拓宽旅游扶贫项目融资渠道，努力落实各项决策方案和政策措施。此外，政府要通过制定旅游扶贫政策，吸引社会资本参与旅游产业扶贫开发，提高市场和社会综合效应。

第二，完善旅游设施建设。一是加强旅游交通基础设施建设。交通基础设施建设是旅游设施建设的重要组成部分。完善铁路、公路、机场、水上运输线路规划，加强“无缝衔接”，加强路网与旅游景区的衔接，提高现有道路等级，改善部分“破碎道路”，增加各散点风景区之间的连接道路，增加直达旅游线路，尽量减少转运，提高运输速度，在条件允许、需求旺盛的地方开通特殊旅游线路，提高运输能力和水平。二是加强旅游接待设施建设。改造和提升现有宾馆、饭店、停车场、旅游中心等接待设施；在条件允许的情况下，进一步建设若干旅游接待设施，提高接待能力；在旅游接待设施的规划设计中，力求体现贫困地区的地方特色，贴近旅游者的个性化需求，宣传和展示旅游形象，满足旅游者的需求。三是加强旅游公共服务设施建设。加强旅游公路标志、旅游厕所、旅游安全设施、旅游通信设施、旅游物流网点等旅游公共服务设施建设，努力提高旅游公共服务能力和水平。加强旅游网站、旅游微信等新媒体信息平台建设，方便旅游者及时获取相关旅游信息。建立信息交流平台，促进旅游信息共享，促进旅游管理者与旅游者之间的沟通。

第三，旅游产品创新。随着旅游业的发展，核心竞争力是旅游产品和旅游形式的创新。随着信息的快速变化和人们对多样化体验的追求，旅游创意成为旅游业发展和减贫的最大生产力。一是丰富旅游产品的内容。从传统的“食、住、行、游、购、娱”六要素，到新的“商、养、学、闲、情、奇”六要素，丰富旅游产业，拓展观光、休闲、度假、娱乐等旅游功能，加强旅游与城市化、生态文明、文化遗产、农林水利、工商贸易、科教卫生的融合，构建大型旅游、扶贫、市场结构。二是提高旅游产品质量。提升传统旅游产品的品质，高端改造，去除低俗文化和低级趣味，让游客有更多的美好感受。挖掘旅游产品的文化内涵，增加旅游产品的文化内涵，丰富旅游者的文化体验。同等质量的旅游产品要进行转型，加大差异化品牌建设力度，努力实现“一村一品”。三是旅游商品和地方产品的创新开发，研究推出一批高附加值、工艺精湛、携带方便、具有地方特色的旅游产品。四是加快旅游业数字化转型，实现“旅游+科技”发展模式。随着大数据、人工智能的深度应用，“云旅游”“5G+旅游”“大数据+旅游”等数字化应用模式将为旅游产业发展释放新动能，发挥新媒体在旅游宣传的重要媒介作用，提升旅游枢纽品牌和形象。结合当地旅游资源，利用短视频直播建立旅游新业态平台，通过小程序或App对当地旅游资源和产品、元素进行整合，充分挖掘旅游需求，通过短视频宣传片、线上直播等形式在全域范围内进行旅游形象宣传，打造后疫情时代的全域旅游新形象，激发潜在旅游意愿，从而助推贫困地区的旅游发展。

第四，构建旅游产业人才引进与培训体系。政府扶贫部门应加大贫困人口的技能培训，使其能够满足旅游企业的新要求。通过构建人才引进和培训体系，定期进行网络交流与沟通，全面提升贫困人群的旅游产业知识和技能水平，为旅游扶贫项目积累人力资本，提高当地旅游人才业务水平，提升旅游项目管理运营效率与水平，改变旅游项目因“空心化”导致的劳动力不足和不可持续发展问题，整体提升旅游产业扶贫的成效。因此，政府应科学指导地方旅游业发展，在追求旅游产值的同时，应多扶持益贫式的旅游新业态，使更多的贫困人口从旅游发展中持续获益，从而确保发挥旅游减贫的稳健效应。

第五，加强旅游减贫的区域合作，构建跨区域的旅游目的地网络系统。旅游减贫具有显著的空间溢出效应，地方政府制定旅游产业减贫政策应重视与其他区域合作，突破市场壁垒问题，打破区域条块分割的市场化运作，整合不同资源和优化区域旅游产业链结构，充分利用旅游减贫的集聚效应和溢出效应等特征，促进旅游各生产要素的跨区域流通，形成具有比较优势的旅游功能区域，扩大旅游减贫“渗透”效应和“乘数”效应，从而避免地区旅游产业因地理和空间因素而形成“孤岛”效应，促进旅游产业集群呈现良性演进态势。

第八节　扩展性分析：海南省旅游产业发展与贫困治理

一、引　言

在我国加快建设“以国内大循环为主体、国内国际双循环相互促进的新发展格局”的背景下，海南自由贸易港建设不仅是党中央着眼于新发展格局的重大战略部署，更是显著提升当地经济社会发展质量的重要举措。2018 年 4 月 14 日，国务院发布《关于支持海南全面深化改革开放的指导意见》（中央 12 号文件）明确提出，支持海南全岛建设自贸试验区，探索建设中国特色自由贸易港，不以转口贸易和加工制造为重点，而以发展旅游业、现代服务业和高新技术产业为主导。当前，在构建新发展格局、推动经济高质量发展、巩固拓展脱贫攻坚成果的多重任务下，海南自由贸易港建设必须围绕扩大国内外需求、健全产业体系、实现乡村振兴作大文章。面临海南的发展任务，基于海南的实际，依托海南的优势，海南自贸港建设必须以“旅游 +”为基本纽带，从提升旅游产业发展水平与优化空间布局入手，探索出一条实现巩固拓展脱贫攻坚成果的新模式。

国外相关研究主要集中在“旅游感知”“主客关系”“原真性”“社区参与”和“旅游恢复力”等方面（Zhao and Ritchie，2007；Simpson，2009；Nyaupane and Poudel，2011；Spenceley and Meyer，2012；Tarabini and Jacovkis，2012；Novignon et al.，2012；Liu，2012；Li，2012；Coghlan，2012；Wang et al.，2014）[410-419]。国内研究主题多为“空间结构”“社区参与”“旅游赋权”“可持续发展”“收益分配”（李佳等，2009；梁明珠和易婷婷，2012；梁

流涛和杨建涛，2012；陈旭，2013；刘改芳和杨威，2013；刘小鹏等，2014；王艳慧等，2015；王隽妮等，2015；罗鲜荣等，2017；孙九霞等，2020）[420-429]。在旅游扶贫满意度研究方面，蒋莉和黄静波（2015）[430]、刘小珉（2016）[431]采用了模糊综合评判法和AHP层次分析法，将旅游扶贫效应分解为社会效应、经济效应、生态环境效应等方面进行研究。汪侠等（2017）[432]综合运用模糊综合评价模型和IPA方法对贵州郎德镇的贫困居民旅游扶贫满意度进行评价。目前，在研究海南省旅游扶贫方面，吴珏等（2011）[433]指出海南省旅游扶贫应该在资金扶贫、宣传扶贫、教育扶贫等方面创新发展模式。张侨（2016）[434]研究分析了海南省不同旅游扶贫模式下，旅游扶贫能够确实有效地提高贫困人口收入。因此，本书采用修正的引力模型和块模型分析法测算出海南省各市县旅游扶贫成效的空间关联关系，以此对各市县制订差异性政策，以期对海南省旅游扶贫发展提供借鉴。

二、海南省旅游扶贫成效的空间联动网络分析

（一）空间关联网络结构特征分析

海南省贫困地区分布与旅游资源分布在空间上高度重叠（侯冠平等，2014）[435]。本书选用修正的引力模型实证分析各市县旅游扶贫成效的空间溢出关系，由于三沙市数据来源缺乏，故不在研究范围中。R_{ij}是通过修正的引力模型计算出地区 i 和地区 j 间的旅游扶贫成效引力；P_i 和 P_j 分别表示海南省第 i 个市县和第 j 个市县的年末总人口数；G_i 和 G_j 分别表示第 i 个市县和第 j 个市县的 GDP；N_i 和 N_j 分别表示第 i 个市县和第 j 个市县的旅游扶贫成效情况；k_{ij}表示市县 i 在市县间的贡献率，具体公式如下：

$$R_{ij} = k_{ij}\frac{\sqrt[3]{P_iG_iN_i}\sqrt[3]{P_jG_jN_j}}{[D_{ij}/(g_i - g_j)]^2}, k_{ij} = \frac{N_i}{N_i + N_j} \tag{4.33}$$

图4.10是海南省各市县旅游扶贫成效空间溢出关系的关联网络图。从图4.10可知，海南省各市县旅游扶贫成效呈现出复杂的和多线程的空间溢出关系，意味着各市县旅游扶贫成效不仅受到相邻地区的影响，而且还会受到更远距离地区的溢出关系影响，这为旅游扶贫政策的制定带来一定挑战。因此，在制订旅游扶贫政策时需要综合考虑地理近邻效应和跨地区差异两个维度，探究不同来源的空间溢出效应对各市县旅游扶贫成效带来的影响，为各市县旅游扶贫成效实现跨区域协同治理带来机遇，为旅游扶贫政策的实施提供依据和思路。

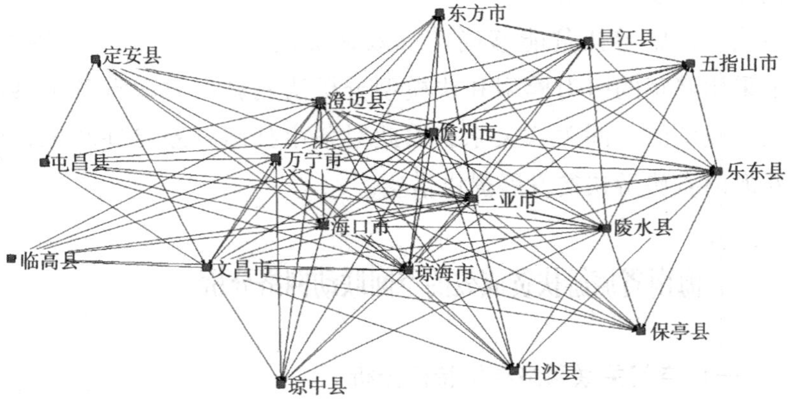

图4.10　海南省旅游扶贫成效的空间溢出网络图

（二）个体空间网络特征分析

表4.17报告了海南省各市县旅游扶贫成效的空间网络中心性分析结果。从表4.17可知，在海南省各市县旅游扶贫成效的空间网络中，点数中心度指数的均值是73.20，中介中心度平均值为1.67，接近中心度的均值为81.48。超过均值的市县有8个，包括海口市、三亚市、儋州市、琼海市、文昌市、万宁市、澄迈县、陵水黎族自治县，这些市县在空间网络中处于核心地位，能够有

效通过大力发展旅游业提高扶贫成效。低于均值的市县有10个，包括五指山市、东方市、定安县、屯昌县、临高县、白沙黎族自治县、昌江黎族自治县、乐东黎族自治县、保亭黎族苗族自治县、琼中黎族苗族自治县，这些市县在空间网络中处于边缘地位，旅游基础设施不完善、地理位置偏远、交通布局欠发达、经济规模相对较小等因素，更加容易受到核心地位市县的影响，从而改变已有的旅游扶贫成效空间关联关系。因此，处于边缘地位市县需要加强旅游服务体系建设，不断提高旅游接待能力，开发旅游线路品牌，利用本地区在旅游资源方面的优势，不断向中心市县输出关联关系，并合理利用核心地位市县的辐射带动作用，有效整合旅游资源，深入发掘与核心地位市县存在紧密联系的旅游资源，强化聚集效应，从而提升海南省旅游扶贫成效的区域协同治理。

表4.17　海南省旅游扶贫成效的空间网络中心性分析

地区	点度中心度				中介中心度		接近中心度	
	点出度	点入度	中心度	排序	中心度	排序	中心度	排序
海口市	17	7	100	1	4.028	1	100	1
三亚市	17	7	100	2	4.028	2	100	2
儋州市	17	8	100	3	4.028	3	100	3
五指山市	0	9	52	12	0.000	15	68	12
琼海市	17	8	100	4	4.028	4	100	4
文昌市	15	8	88	7	2.693	7	89	7
万宁市	17	7	100	5	4.028	5	100	5
东方市	3	10	64	10	0.240	10	73	10
澄迈县	17	7	100	6	4.028	6	100	6
定安县	5	7	47	16	0.000	16	65	16
屯昌县	0	9	52	13	0.092	11	68	13
临高县	0	7	41	18	0.000	17	62	18

续表

地区	点度中心度				中介中心度		接近中心度	
	点出度	点入度	中心度	排序	中心度	排序	中心度	排序
白沙黎族自治县	0	9	52	14	0.067	12	68	14
昌江黎族自治县	3	10	58	11	0.067	13	70	11
乐东黎族自治县	5	9	70	9	0.674	9	77	9
陵水黎族自治县	13	7	88	8	2.080	8	89	8
保亭黎族苗族自治县	0	9	52	15	0.067	14	68	15
琼中黎族苗族自治县	0	8	47	17	0.000	18	65	17
均值	8.11	8.11	73.20	—	1.67	—	81.48	—

（三）空间关联网络的块模型分析

本书运用块模型分析法和运用 CONCOR 方法对海南省各市县旅游扶贫成效的空间网络板块关联关系进行分析。从表 4.18 可知，海南省各市县旅游扶贫成效的关联关系有 146 个，将海南省 18 个市县划分为四大板块。有 113 个是不同板块之间的关联关系，而其余的 33 个则是板块内部自身的关联关系，说明海南省各市县旅游扶贫成效板块间存在显著的空间溢出效应和空间关联关系。本书测算出海南省各市县旅游扶贫成效整体网络密度为 0.4771，并计算得到网络密度的密度矩阵，若大于 0.4771 则记为 1，相反则记为 0，由此得到海南省各市县旅游扶贫成效空间网络的像矩阵，具体结果如表 4.19 所示。

表 4.18　海南省旅游扶贫成效空间关联板块的溢出效应

板块	接收关系数合计（个）		发出关系数合计（个）		期望内部关系比例（%）	实际内部关系比例（%）
	板块内	板块外	板块内	板块外		
板块Ⅰ	12	18	12	54	17.65	18.18
板块Ⅱ	12	17	12	52	17.65	18.75
板块Ⅲ	8	30	8	3	17.65	72.73
板块Ⅳ	1	48	1	4	29.41	20.00

表 4.19　海南省旅游扶贫成效空间关联板块的密度矩阵与像矩阵

板块	密度矩阵				像矩阵			
	板块Ⅰ	板块Ⅱ	板块Ⅲ	板块Ⅳ	板块Ⅰ	板块Ⅱ	板块Ⅲ	板块Ⅳ
板块Ⅰ	1.000	1.000	0.875	1.000	1	1	1	1
板块Ⅱ	0.875	1.000	1.000	0.917	1	1	1	1
板块Ⅲ	0.000	0.063	0.667	0.083	0	0	1	0
板块Ⅳ	0.167	0.000	0.000	0.033	0	0	0	0

依据计算的像矩阵，各市县旅游扶贫成效空间关联关系如图4.11所示。第Ⅰ板块为“双向溢出板块”，分别是海口市、文昌市、琼海市、澄迈县4个市县。第Ⅰ板块中的各市县旅游扶贫成效溢出关系的数量为66个，接受其他板块的溢出关系为54个。第Ⅱ板块为“净溢出板块”，分别是三亚市、万宁市、陵水黎族自治县、儋州市4个市县。第Ⅱ板块的各市县旅游扶贫成效溢出关系的数量为64个，接受其他板块的溢出关系为17个。第Ⅲ板块为“经纪人板块”，包括东方市、昌江黎族自治县、五指山市、乐东黎族自治县4个市县。第Ⅲ板块的市县旅游扶贫成效溢出关系的数量为11个，接受其他板块的溢出关系为3个。第Ⅳ板块为“净受益板块”，包括屯昌县、临高县、保亭黎族苗族自治县、定安县、白沙黎族自治县、琼中黎族苗族自治县6个市县。第Ⅳ板块的市县旅游扶贫成效溢出关系的数量为5个，接受其他板块的

溢出关系为4个。综上所述，揭示空间网络结构对海南省各市县旅游扶贫成效的影响，进而制订差异化的各市县旅游扶贫成效改革措施是实施旅游竞争强度格局策略的重要保证。

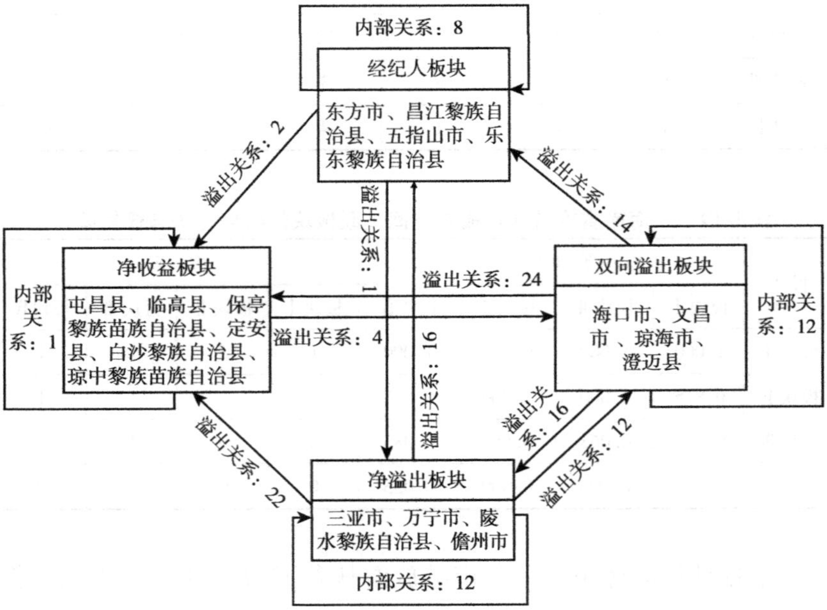

图4－11　海南省旅游扶贫成效四大板块间的关联关系

三、结论与启示

本书基于海南省18个市县旅游扶贫成效现状，运用修正的引力模型测算出海南省各市县旅游扶贫成效的空间关联关系，并利用空间网络分析方法（SNA）实证考察各市县旅游扶贫成效空间关联网络结构特征及其影响因素。研究结论如下：

第一，海南省各市县旅游扶贫成效空间关联表现出复杂的、多线程的网络结构。三亚市、万宁市、陵水黎族自治县、儋州市4个市县属于净溢出板块；东方市、昌江黎族自治县、五指山市、乐东黎族自治县4个市县属于经纪人板块；海口市、文昌市、琼海市、澄迈县4个市县属于双向溢出板块；屯昌县、临高县、保亭黎族苗族自治县、定安县、白沙黎族自治县、琼中黎族苗族自治县6个市县属于净受益板块，通过分析空间网络结构，为持续推进各市县旅游扶贫成效提供有意义的借鉴和参考。

第二，依托“旅游+”推进海南自贸区建设，以提升乡村旅游业水平为突破口奠定巩固拓展脱贫攻坚成果的产业基础。目前，海南省工业发展基础薄弱，缺乏自主核心技术和不完整的制造业产业链，使得海南多元产业体系建设始终存在“工业痛点”；产业发展水平相对较低、消费需求不足等，严重制约现代服务业长远发展；热带农业产业尚未得到充分发挥，热带农产品加工产业价值链延伸较短，缺乏符合市场扩张能力强、需求弹性高的战略性支柱产业，这些都不利于大幅提升海南经济总量和内在经济实力。海南需要充分发挥国际旅游岛“三大优势”，以“旅游+”思维，充分利用优美的自然风光和深厚的文化底蕴，紧抓海南自贸港建设政策红利，探索乡村旅游新业态新模式，统筹抓好全域旅游发展。2020年，海南省成为我国旅游业改革创新试验区和全域旅游示范省。旅游服务设施、经营管理和服务水平与国际通行的旅游服务标准全面接轨，在旅游综合管理、旅游投融资、旅游业发展引导、旅游公共服务、旅游市场监管等方面取得改革突破。海南本土特色的旅游节庆品牌包括海南国际旅游岛欢乐节、黎族苗族传统“三月三”节、乡村旅游文化节等；全省拥有椰级乡村旅游点206家，乡村民宿480家，共享农庄61个。旅游业成为海南省战略性支柱产业，2020年旅游总人数超过8000万人次，年均增长7.4%；接待入境游客超过120万人次，年均增长12.5%；旅游总收入超过1000亿元，年均增长10.4%。因此，海南省依托自贸港“6+1+4”系列制度安排，实施“乡村旅游+海洋旅游+休闲渔业”产业融合模式，乡村旅游发展要深入打造特色鲜明的“套餐旅游”。一是促进旅游业高质量发展，积极盘活旅游资源存量，持续提升旅游服务质量和优化旅游管理模式[436]。以海口为中心的“三小时经济圈”，建设旅游生态、文化与乡村的区域化乡村旅游新格局。二是通过沿海岸线的旅游“珍珠项链”，构建全域旅游的环岛产业链和“旅游文卫体生活性服务业板块”。以“大旅游”为支点，完善海南现代服务的整体性，推进健康医疗、文化会展、互联网、金融等现代旅游产业发展，提升海南环岛产业服务标准化程度，将医疗健康、免税购物文化、娱乐信息等融合起来，打造“大旅游”产业体系，实现区域产业深度融合发展的全域旅游建设。三是紧紧抓住自由贸易港建设的新机遇，结合乡村振兴战略目标，发挥区域优势，助推海南乡村振兴。切实把握“新发展格局”，将自由贸易港政策遍历海南全岛，通过发展乡村旅游实现城乡一体化建设、乡村产业转型升级和公共服务均衡化建设，推进精准扶贫与乡村旅游之间的系统良好协调发展。以新定位锚定乡村旅游高质量发展目标，吸引人才汇聚，拓展运营市场，强化保障设施，提升居民消费水平，切实推动乡村旅游发展，彰显以消费为主体的市场发展趋向，实现海南“兴岛富民”的目标与方向，促进乡村共同富裕。

第三，依托“旅游+”推进海南自贸区建设，以乡村旅游空间布局优化联动为关键点打造乡村振兴的示范品牌。海南自由贸易港是畅通“国内国际双循环”的关键连接点，也是巩固拓展脱贫攻坚与乡村振兴的有效衔接点。海南应该以发展旅游业带动经济欠发达地区脱贫致富为主要目标，实现贫困地区群众搭载全域旅游快车，助力海南的乡村振兴。可以根据海南各市县旅游扶贫成效的空间关联网络结构特征，在旅游扶贫规划上，通过开展区域联动实现旅游资源整合和发展优势，提高整体旅游扶贫成效水平。空间网络中各地区旅游扶贫成效相互关联的特征为旅游产业融合协同发展发挥了优势作用，需要充分重视区域间旅游扶贫成效的空间联动性，实现各市县旅游产业成效整体发展政策从“点”到“面”、从“数量”到“结构”、从“局部”到“整体”的转变[436]。另外，实施整体性政策的同时制订差异化的区域旅游扶贫成效定向调控政策。为实现各市县旅游扶贫成效协调治理，在政策制订方面要充分考虑各市县旅游扶贫成效的空间聚类特征，以及区域间的关联效应和溢出效应。处于旅游扶贫成效双向溢出板块和净溢出板块的市县，往往具有优越的旅游资源并且旅游产业专业化水平相对较高，要高度重视这些市县的示范引领作用，充分利用其在区域旅游扶贫成效联动网络中扮演的“发动机”和“领头羊”角色，通过良好的定向调控其他地区的旅游扶贫成效，强化其辐射作用，更好地带动和引领其他地区旅游扶贫成效联动治理。处于旅游扶贫成效经纪人板块的市县，由于此类市县在海南省旅游扶贫成效联动网络中起着重要的“桥梁”和“中介”作用，应充分考虑其在网络中的传递作用，重视和强调改革过程中的内外部双向“引导”角色。处于旅游扶贫成效净受益板块的市县，在网络中扮演着“跟随”角色，此板块地区在前期发展的基础上，不断总结汲取经验，加大对此类地区旅游扶贫的支持力度，统筹推进旅游产业的深度协调发展，从而打造海南省从巩固脱贫攻坚成果向实现乡村振兴的新模式。

第九节　本章小结

第一，本章采用非线性 Granger 因果模型和时空地理加权模型（GTWR），实证检验我国财政支出与城镇贫困和农村贫困的非线性关系和空间异质性特征，通过空间半参数非线性 Durbin 模型，揭示财政支出与城镇贫困和农村贫困的依赖条件与空间外溢路径。研究发现，贫困地区呈现出集中连片的分块聚集特征；城镇贫困和农村贫困在区域间具有显著的正向空间依赖性，本地区贫困程度的减少对相邻地区减贫工作具有促进作用；我国财政支出、支农支出和医疗卫生支出对减贫存在显著的促进作用；支农支出和医疗卫生支出在区域间呈现出显著的正向空间外溢效应；而财政支出在区域间呈现出显著的负向空间外溢效应，即财政支出竞争会对相邻地区减贫效应起到抑制作用。

第二，本章运用修正的引力模型测算出我国财政教育支出的空间关联关系，以及财政教育支出对农村减贫的空间关联影响效应。研究发现，我国财政教育支出在空间关联上呈现出复杂的、多线程的网络结构。因此，本书提出应该制订区域联动贫困治理的财政教育支出政策。

第三，本章通过构建“贫困县资格→财政转移支付→减贫效应”之间的模糊断点回归模型，探究财政转移支付对于地区减贫效应的影响。研究发现，拥有国家级贫困县资格的县市能够使本县的专项转移支付增加 2.4 万元左右，同时每增加 1 万元的专项转移支付就能够使农民人均纯收入增加大约 0.482 元，专项转移支付的增加对于农民人均纯收入的提高具有积极的推动作用，所以适当增加专项转移支付能够解决农民人均纯收入低的问题。

第五章　收入分配差异对贫困治理的影响分析

第一节　引　　言

经济增长发展进程中收入不平等的结构性矛盾成为中国扶贫工作要解决的主要问题。经济增长通过扩散效应和滴落机制提高贫困地区和贫困居民收入，是影响我国贫困治理的主要因素。然而，在我国经济增长过程中，收入差距的不断扩大影响着我国贫困治理（罗楚亮，2012）[437]。2019年，全国扶贫开发工作会议指出："2020年要巩固脱贫成果，坚决打赢脱贫攻坚战。"因此，将提高居民收入和解决收入不平等两者相结合，成为适应中国扶贫工作的现实选择，综合考虑经济增长与收入不平等来研究探讨贫困治理问题，在我国具有重要的现实意义。

关于经济增长、收入分配和减贫的研究，主要是基于"经济增长（收入增长）→收入分配（收入差距）→减缓贫困"的思路。经济增长能够有效通过"涓滴"效应对贫困治理产生积极作用，但是经济增长会使得收入差距不断扩大，从而阻碍减贫效果（文雁兵，2015；宋扬和王暖盈，2019）[438-439]。第一种观点是经济增长有利于贫困治理。经济增长意味着能够获得较多的税收，政府通过将资金转移支付给贫困者，增加其收入水平和摆脱贫困（杨颖，2010；夏庆杰等，2010）[440-441]。第二种观点是经济增长不一定有利于贫困治理。"库兹涅茨假说"认为经济增长与收入差距之间存在着倒"U"形关系（Balisacan and Fuwa，2003）[442]。胡兵等（2007）研究发现，我国处在收入差距扩大的阶段[443]。林伯强（2003）研究发现，收入差距抵消了经济增长的正向作用，进而限制了我国贫困治理进程[444]。Balisacan（2004）[445]、陈飞和卢建词（2014）[446]研究发现，收入差距会降低贫困治理速度，进而导致贫困地区和贫困居民收入份额减少。第三种观点是在经济发展的不同时期，减贫效应呈现出明显的波动性和不一致性。陈立中（2009）[447]、许启发等（2011）[448]研究发现，人均收入水平越高，贫困越有可能和收入不平等联系在一起；收入不平等越严重的地区，贫困对收入不平等的反应越迟钝。陈立中和张建华（2007）[449]、杜凤莲和孙婧芳（2009）[450]研究发现，收入分配在经济发展的不同时期，对贫困治理具有差异性的影响效应。因此，政府应该综合考虑收入增长效应与收入不平等效应，制定协调发展的财政扶贫政策（冯星光和张晓静，2006；韩秀兰，2015）[451-452]；进行减贫评估时关注贫困人口构成，根据贫困人口遭受贫困的程度，制定不同的减贫政策（万广华和张茵，2006；Park and Wang，2010）[453-454]。

综上所述，由于我国各地区经济发展水平和城乡收入差距存在较大差异，地区减贫效应的异质性较大，需要将经济发展水平与城乡收入差距纳入贫困治理研究框架中。本书通过建立经济发展水平、收入分配政策和减贫的分析框架，基于我国2000～2016年省级面板数据，构建动态面板门槛计量模型，实证检验不同经济发展阶段中收入分配差异对贫困治理的异质性问题。

第二节 理论机制与研究假说

一、收入差距与减贫效应

经济快速增长导致地区间和居民间收入不平等呈现出扩大的趋势，从而使得地区收入差距存在差异特征。图5.1是以我国2000年和2016年各地区收入差距相对数绘制的差异图。纵向来看，我国收入差距相对数在逐年上升，从2000年的0.1253上升至2016年的0.1590；横向来看，研究期间我国各地区收入差距相对数存在较大差异，大部分地区收入差距相对数在 0. 50 ~ 1. 80。其中，新疆、宁夏、青海的收入差距相对数较高，分别为 1. 9112、1. 8340、1. 8211；北京、天津的收入差距相对数较低，分别为 0. 0936 和 0. 1687。综上所述，我国各地区收入差距相对数在时间和空间上形成区域差异化。

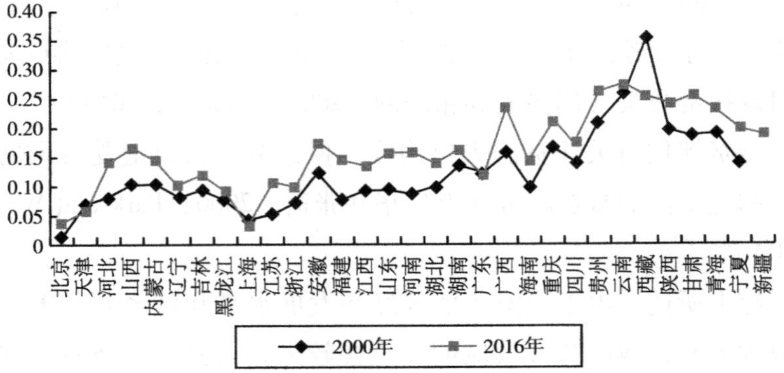

图 5. 1　收入差距相对数

图 5. 2 是以我国 2000 年和 2016 年各地区收入差距绝对数绘制的差异图，纵向来看，我国收入差距绝对数在逐年上升，从 2000 年的 3942. 8020 元上升至 2016 年的 19413. 0193 元；横向来看，研究期间我国各地区收入差距绝对数存在较大差异，大部分地区收

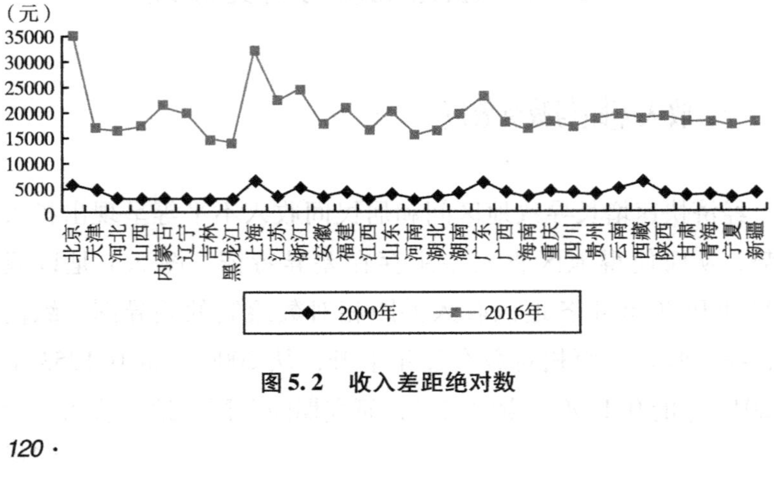

图 5. 2　收入差距绝对数

入差距绝对数在9000～15000元。其中，上海、北京的收入差距绝对数较高，分别为18132.3014元、18210.9470元；黑龙江、吉林的收入差距绝对数较低，分别为7841.1966元、8596.4088元。综上所述，我国各地区收入差距绝对数在时间和空间上形成区域差异化。

贫困群体是相对较难获取经济增长成果，解决社会分配不平等问题是我国贫困治理的重要实质。当社会收入分配相对均等时，基本公共服务和社会报酬等在社会不同阶层中的差异会相对较小，能够使得贫困群体收入快速增长和边际报酬变大，这种收入分配格局有利于贫困治理。然而，我国目前贫困地区和贫困居民收入增长相对缓慢，并且出现不断上升的绝对贫困现象，这表明不断扩大的收入差距和收入分配格局，贫困地区和贫困居民由于缺少应对市场弱性和基本公共服务等因素的措施，将难以从经济增长中获取相应的收益，从而造成收入分配不平等与贫困问题相互作用（江克忠和刘生龙，2017）[455]。

基于以上分析，本书提出研究假说1：不断扩大的收入差距对贫困治理产生抑制作用。

二、经济增长、收入分配与贫困治理的发展趋势

经济增长能够通过增加就业等途径，有效促进贫困地区和贫困居民收入增长，即，无论对收入贫困还是对可行能力贫困，都具有根本性的减贫效应。图5.3是2016年我国各地区经济发展水平的雷达。总体上看，东部、中部、西部间经济发展水平呈现出阶梯式态势；同时，地区内各省区市经济发展水平具有趋同性特征，这表明各地区经济发展水平在空间上形成区域差异化态势。经济增长是贫困地区和贫困居民收入增长的主要来源。

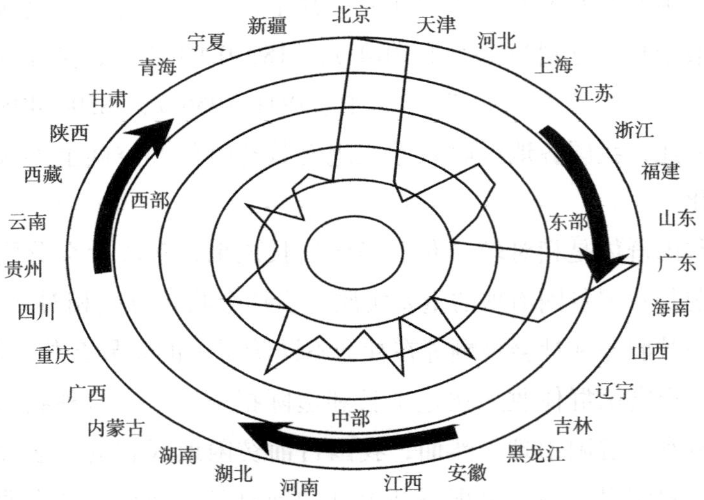

图 5.3　经济水平雷达

收入分配会对经济增长的减贫效应产生相关关系。经济快速增长由于缺乏相应约束条件，导致收入差距扩大，具有累退性特征的收入分配格局，容易使得收入上层趋于固定，且经济增长的“涓滴”效应在不同收入群体间分配不均，收入群体间不易流动，会出现区域、城乡和群体间的收入结构偏向，从而难以形成经济增长、收入分配与贫困治理的协调发展和合力作用。因此，收入分配差距积累会使得贫困治理问题越加困难（刘一伟和汪润泉，2017）[456]。

基于以上分析，本书提出研究假说2：经济快速增长导致收入差距扩大，进而间接降低了减贫效应。

三、收入差距、经济增长对减贫的门槛效应

经济增长是以边际调整来实现财富累积的过程，可以通过为贫困群体提供机会而降低贫困。在经济发展初期，经济增长对于

贫困地区和贫困居民，在横向上会产生扩散效应，在纵向上会产生“涓滴”效应，能够有效惠及贫困地区和贫困居民，为贫困地区和贫困居民提供基本社会服务和社会安全，提高贫困地区和贫困居民的收入水平，经济增长的扩散效应和“涓滴”效应，要远远超过收入差距带来的负向作用。然而，随着经济的持续高速增长，不断扩大的收入差距，降低了贫困地区和贫困居民从经济增长中获取成果的能力，经济增长减贫绩效的边际贡献也相应减少，进而陷入收入不平等和贫困“陷阱”的恶性循环中（徐戈等，2019）[457]。

基于以上分析，本书提出研究假说3：收入差距与减贫之间的相关关系在很大程度上取决于经济增长的不同阶段，收入差距与减贫效果呈现出倒“U”形曲线特征。

第三节 模型设定与数据说明

一、基准实证模型

经济增长与收入分配作为贫困治理效应的双向引擎，在经济新常态下，如何处理经济增长与收入分配间的关系，建立经济增长的稳定性和收入分配的公平性，从而达成经济增长、收入分配与贫困治理间的协同发展。为了对理论假说1和假说2进行验证，本书将经济增长与收入分配的交互项（$pdgp_{it} \times income_{it}$）引入模型中；此外，考虑到减贫可能存在的滞后性，模型引入减贫时间滞后项（$poverty_{it-1}$），模型设定如下：

$$poverty_{it} = \alpha_i + \beta_1 poverty_{it-1} + \beta_2 income_{it} + \beta_3 pgdp_{it} + \beta_4 pdgp_{it} \times income_{it} + \beta_5 capital_{it} + \beta_6 city_{it} + \mu_{it} \quad (5.1)$$

其中，i 和 t 分别代表地区和时间。μ_{it} 随机扰动项；被解释变量 $poverty_{it}$ 包括城镇贫困（$urban_{it}$）和农村贫困（$rural_{it}$）；收入差

距 $income_{it}$ 包括收入差距绝对数（$income\_gap_{it}$）和收入差距相对数（$income\_theil_{it}$）；变量还包括经济发展水平（$pgdp_{it}$）、经济增长与收入差距的交互项（$pdgp_{it} \times income_{it}$）、人力资本（$human_{it}$）和城市化（$city_{it}$）。

二、动态面板门槛模型

为了考察理论假说 3 提出的收入差距、经济增长对减贫的门槛效应影响，本书构建基于不同经济发展阶段的收入差距对减贫效应影响的分段函数，对经济发展水平门槛值和门槛效应进行检验和估计。动态面板门槛回归模型设定如下：

$$poverty_{it} = \beta_0 + \beta_1 poverty_{it-1} + \beta_2 income_{it} \times I(thr \leqslant \gamma_1) + \beta_3 income_{it} \times I(\gamma_1 < thr \leqslant \gamma_2) + \beta_4 income_{it} \times I(thr > \gamma_2) + \beta_5 X_{it} + \varepsilon_{it} \tag{5.2}$$

其中，$I(\cdot)$ 代表指示性函数；thr 为门槛变量，即经济发展水平；γ 为收入差距绝对数（$income\_gap_{it}$）和收入差距相对数（$income\_theil_{it}$）估计的门槛值。X_{it} 为外生控制变量，包括人力资本和城市化。本书借鉴 Hansen（1999）[458]、Kremer 等（2013）[459]的估计方法，以经济发展水平（$pgdp_{it}$）作为门槛变量，研究收入差距绝对数（$income\_gap_{it}$）和收入差距相对数（$income\_theil_{it}$）对城镇贫困（$urban_{it}$）和农村贫困（$rural_{it}$）的门槛值和不同区间的作用系数。

三、数据说明

本书选取除中国港澳台地区以外的全国 31 个省区市 2000～2016 年作为数据样本，数据来源于《中国统计年鉴》《中国农村

统计年鉴》《中国农村贫困检测报告》及各省区市统计年鉴。为了增强实证检验结果的可信度，所有变量均利用价格指数进行平减（2000＝100）。为了消除异方差，对所有变量取自然对数，以进一步增加数据的平稳性。基于数据可得性，城镇贫困（$urban_{it}$）按收入等级分最低20%城镇人口的人均可支配收入度量；农村贫困（$rural_{it}$）按收入等级分最低20%农村人口的人均纯收入度量。借鉴毛军和刘建民（2016）[460]的方法，采用收入差距绝对数（$income\_gap_{it}$）和收入差距相对数（$income\_theil_{it}$）反映收入差距变量。经济发展水平（$pgdp_{it}$）用人均GDP来表示。人力资本 $human = \sum(mid/pop \times 9 + hig/pop \times 12 + sec/pop \times 12 + col/pop \times 16)$。其中，mid、hig、sec、col和pop分别表示初中、普通高中、中等职业教育、高等学校在校生人数和人口总数。城市化（$city_{it}$）用各地区城镇人口占当地总人口表示。

第四节 实证结果及分析

一、基准实证模型回归结果

表5.1是系统GMM模型的估计结果。(1) 城镇贫困（$urban_{it-1}$）和农村贫困（$rural_{it-1}$）的估计系数均通过了1%的显著性检验且为正数，说明我国城镇贫困和农村贫困具有自我增强和惯性特征。(2) 收入差距绝对数（$income\_gap_{it}$）和收入差距相对数（$income\_theil_{it}$）对城镇贫困和农村贫困均有显著负向影响，对城镇贫困和农村贫困估计系数发现，收入差距对农村贫困的抑制作用要显著高于城镇贫困。这是因为贫困地区的经济相对落后，不断扩大的收入差距会导致贫困居民难以获得经济成果，这验证了假说1。

表 5.1　　系统 GMM 估计结果

模型	农村贫困模型				模型	城镇贫困模型			
	模型Ⅰ	模型Ⅱ	模型Ⅲ	模型Ⅳ		模型Ⅴ	模型Ⅵ	模型Ⅶ	模型Ⅷ
$rural_{it-1}$	0.913***	0.920***	0.925***	0.925***	$urban_{it-1}$	0.794***	0.783***	0.943***	0.944***
	(0.011)	(0.014)	(0.013)	(0.013)		(0.017)	(0.019)	(0.014)	(0.014)
$income\_gap_{it}$	-0.157***	-0.138*			$income\_gap_{it}$	-0.032**	-0.097*		
	(0.014)	(0.079)				(0.014)	(0.053)		
$income\_gap \times pgdp_{it}$		-0.016*			$income\_gap \times pgdp_{it}$		-0.012*		
		(0.009)					(0.007)		
$income\_theil_{it}$			-0.066*	-0.183*	$income\_theil_{it}$			-0.051**	-0.131*
			(0.038)	(0.095)				(0.025)	(0.079)
$income\_theil \times pgdp_{it}$				-0.013*	$income\_theil \times pgdp_{it}$				-0.012*
				(0.007)					(0.007)
$pgdp_{it}$	0.046***	0.057***	0.038***	0.036**	$pgdp_{it}$	0.078***	0.077**	0.090***	0.092***
	(0.011)	(0.017)	(0.011)	(0.014)		(0.016)	(0.015)	(0.013)	(0.013)
$human_{it}$	0.066*	0.031*	0.034**	0.032**	$human_{it}$	0.047**	0.029*	0.045*	0.047**
	(0.040)	(0.018)	(0.014)	(0.013)		(0.022)	(0.017)	(0.023)	(0.023)
$city_{it}$	-0.104***	-0.077**	-0.109***	-0.115***	$city_{it}$	-0.013	-0.036	-0.049	-0.047
	(0.025)	(0.034)	(0.038)	(0.039)		(0.020)	(0.032)	(0.042)	(0.040)
constant	0.148***	0.125***	0.242***	0.264***	constant	-0.238***	-0.207***	-0.163***	-0.187**
	(0.042)	(0.036)	(0.040)	(0.102)		(0.048)	(0.046)	(0.032)	(0.083)
AR（1）检验的 P 值	0.000	0.000	0.000	0.000	AR（1）检验的 P 值	0.003	0.004	0.005	0.005
AR（2）检验的 P 值	0.211	0.268	0.312	0.351	AR（2）检验的 P 值	0.284	0.291	0.295	0.296
Sargan 检验 P 值	1.000	1.000	1.000	1.000	Sargan 检验 P 值	1.000	1.000	1.000	1.000

注：*、**、*** 分别表示在 10%，5% 和 1% 水平通过了显著性检验，括号里的数值为估计系数对应的标准误。

(3) 经济增长与收入差距绝对数的交互项 ($pdgp_{it} \times income\_gap_{it}$)、经济增长与收入差距相对数的交互项 ($pdgp_{it} \times income\_theil_{it}$) 的估计系数均显著为负，相对于收入差距绝对数 ($income\_gap_{it}$) 和收入差距相对数 ($income\_theil_{it}$) 的估计系数有所减小。随着经济发展水平较高，政府开始重视财税体制、金融政策等经济制度，改善经济发展过程中所带来的收入分配不公平问题，进而提高贫困地区和贫困居民的收入机会和能力，降低收入差距对贫困治理的负向作用，这验证了假说2。

二、动态面板门槛估计结果

本书采用动态面板门槛模型来验证假说3，表5.2报告了以经济发展水平为门槛变量的估计结果。根据动态面板门槛值将样本划分为子样本，分别对子样本采用一阶差分 GMM 进行实证估计。AR (1) 检验、AR (2) 检验和 Sargan 检验均是合理的，表明本书所选取的工具变量是有效的。本书运用动态面板门槛估计法实证检验结果如表5.3和表5.4所示。

表5.2 经济发展水平的门槛变量显著性检验和置信区间

被解释变量	参数估计因素	门槛数	F值	10%	5%	1%	门槛值	95%置信区间
城镇贫困(urban)	城乡收入差距(Income-gap)	单一	54.899***	23.349	29.454	39.459	13240.03	(8612.75, 13835.60)
		双重	45.861**	15.751	22.136	35.924	7244.52	(7136.66, 8595.55)
		三重	21.096	7.557	9.313	14.449		
	城乡收入差距(Income-theil)	单一	42.086***	11.985	16.084	27.046	0.246	(0.246, 0.263)
		双重	14.445**	4.114	6.259	9.892	0.202	(0.193, 0.203)
		三重	7.207	3.156	4.255	8.242		

续表

被解释变量	参数估计因素	门槛数	F值	10%	5%	1%	门槛值	95%置信区间
农村贫困(rural)	城乡收入差距(Income - gap)	单一	9.423***	12.763	17.620	23.989	16531.12	(16531.12, 24489.51)
		双重	7.707**	11.014	16.482	24.835	13615.99	(12209.87, 21015.17)
		三重	2.904	10.008	13.881	25.054		
	城乡收入差距(Income - theil)	单一	16.541***	10.110	13.317	21.815	0.276	(0.235, 0.301)
		双重	13.292**	6.364	9.439	20.127	0.193	(0.190, 0.202)
		三重	8.706	3.437	5.417	10.506		

注：圆括号内是参数的T值，*、**、***表示t检验值在1%、5%、10%统计性水平显著。

由表5.3可知，在城镇贫困方程中，城乡收入差距绝对数的门槛值分别为7244.52元和13240.03元。其中，当income - gap < 7244.52元和7244.52元≤income - gap≤13240.03元时，pgdp的系数均显著为正，且随着城乡收入差距绝对数的扩大，估计系数值有所减小；当income - gap > 13240.03元时，pgdp的系数没有通过显著性检验。城乡收入差距相对数的门槛值分别为0.202和0.246。其中，当income - theil < 0.202和0.202≤income - theil≤0.246时，pgdp的系数均显著为正，且随着城乡收入差距相对数的扩大，估计系数值有所减小；当income - theil > 0.246时，pgdp的系数没有通过显著性检验。

表5.3　经济发展水平的城镇贫困门槛参数估计结果

变量	城乡收入差距绝对数(Income - gap)			城乡收入差距相对数(Income - theil)		
	(0, 7244.52)	(7244.52, 13240.03)	(13240.03, +∞)	(0, 0.202)	(0.202, 0.246)	(0.246, +∞)
$urban_{it-1}$	0.856***	0.877***	0.852***	1.039***	1.043***	1.033***
	(43.91)	(46.91)	(44.40)	(30.69)	(31.47)	(31.18)

续表

变量	城乡收入差距绝对数 (Income - gap)			城乡收入差距相对数 (Income - theil)		
	(0, 7244.52)	(7244.52, 13240.03)	(13240.03, +∞)	(0, 0.202)	(0.202, 0.246)	(0.246, +∞)
pgdp	0.062***	0.048**	0.016	0.057**	0.049*	0.030
	(4.07)	(2.17)	(1.47)	(2.17)	(1.88)	(1.15)
AR (1) 检验	-3.283	-3.374	-3.471	-3.387	-3.345	-3.641
	[0.001]	[0.001]	[0.001]	[0.000]	[0.000]	[0.000]
AR (2) 检验	-2.436	-2.523	-2.631	-3.075	-3.114	-3.226
	[0.148]	[0.152]	[0.163]	[0.144]	[0.157]	[0.162]
Sargan 检验	30.886	30.965	31.241	30.855	31.366	31.854
	[1.000]	[1.000]	[1.000]	[1.000]	[1.000]	[1.000]

注：圆括号内是参数的T值，*、**、***表示t检验值在1%、5%、10%统计性水平显著。AR (1)、AR (2) 和Sargan检验系数 [ ] 内是p值。

由表5.4可知，在农村贫困方程中，城乡收入差距绝对数的门槛值分别为13615.99元和16531.12元。其中，当income - gap < 13615.99元和13615.99元≤income - gap≤16531.12元时，pgdp的系数均显著为正，且随着城乡收入差距绝对数的扩大，估计系数值有所减小；当income - gap > 16531.12元时，pgdp的系数显著为负。城乡收入差距相对数的门槛值分别为0.193和0.276。其中，当income - theil < 0.193和0.193≤income - theil≤0.276时，pgdp的系数均显著为正，且随着城乡收入差距相对数的扩大，估计系数值有所减小；当income - theil > 0.276时，pgdp的系数显著为负。对具体的城乡收入差距绝对数门槛值分析发现，以门槛值16531.12元作为标准值，研究期间各地区平均值，只有北京和上海超过门槛值；对具体的城乡收入差距相对数门槛值分析发现，以门槛值0.276作为标准值，研究期间各地区平均值，只有西藏和云南超过门槛值，说明城乡收入差距确实对贫困问题产生影响，这验证了假说3。

表 5.4　　经济发展水平的农村贫困门槛参数估计结果

变量	城乡收入差距绝对数 (Income - gap)			城乡收入差距相对数 (Income - theil)		
	(0, 13615.99)	(13615.99, 16531.12)	(16531.12, +∞)	(0, 0.193)	(0.193, 0.276)	(0.276, +∞)
$rural_{it-1}$	0.863***	0.854***	0.839***	0.877***	0.876***	0.875***
	(50.17)	(48.76)	(45.94)	(40.22)	(40.88)	(41.18)
pgdp	0.147***	0.097**	-0.054*	0.123***	0.048***	-0.013***
	(10.30)	(2.32)	(1.87)	(6.42)	(2.13)	(-5.85)
AR（1）检验	-4.521	-4.641	-4.775	-4.683	-4.789	-4.879
	[0.000]	[0.000]	[0.000]	[0.000]	[0.000]	[0.000]
AR（2）检验	-3.417	-3.424	-3.434	-3.215	-3.263	-3.298
	[0.217]	[0.235]	[0.242]	[0.122]	[0.129]	[0.135]
Sargan 检验	30.892	31.254	32.524	30.973	31.284	31.942
	[1.000]	[1.000]	[1.000]	[1.000]	[1.000]	[1.000]

注：圆括号内是参数的 T 值，*、**、*** 表示 t 检验值在 1%、5%、10% 统计性水平显著。AR（1）、AR（2）和 Sargan 检验系数［］内是 p 值。

第五节　扩展性分析

表 5.5 报告了以人力资本为门槛变量的估计结果。由表 5.6 可知，在城镇贫困方程中，城乡收入差距绝对数的门槛值分别为 7244.52 元和 8612.76 元。其中，当 income - gap < 7244.52 元和 7244.52 元≤income - gap≤8612.76 元时，human 的系数均显著为正，且随着城乡收入差距绝对数的扩大，估计系数值有所减小；当 income - gap > 8612.76 元时，human 的系数没有通过显著性检验。城乡收入差距相对数的门槛值分别为 0.193 和 0.294。其中，当 income - theil < 0.193 时，human 的系数均显著为正；当 0.193≤income - theil≤0.294 和 income - theil > 0.294 时，human 的系数显

著为负，且随着城乡收入差距相对数的扩大，估计系数值有所增大。

表 5.5　　人力资本的门槛变量显著性检验和置信区间

被解释变量	参数估计因素	门槛数	F 值	10%	5%	1%	门槛值	95%置信区间
城镇贫困（urban）	城乡收入差距（Income - gap）	单一	43.984***	30.969	37.244	45.387	8612.76	（8233.77，20847.72）
		双重	37.757**	14.814	19.298	27.808	7244.52	（7115.28，7950.58）
		三重	10.187	5.454	7.878	11.182		
	城乡收入差距（Income - theil）	单一	26.182***	10.669	15.347	25.883	0.231	（0.231，0.294）
		双重	24.100**	6.113	11.965	18.872	0.193	（0.193，0.211）
		三重	6.653	5.680	8.157	14.502		
农村贫困（rural）	城乡收入差距（Income - gap）	单一	15.844***	18.468	21.882	28.938	15537.32	（15537.32，16613.98）
		双重	13.320**	9.081	10.373	16.028	12771.87	（9662.43，12926.05）
		三重	11.144	6.554	9.352	14.834		
	城乡收入差距（Income - theil）	单一	15.359***	4.101	6.246	10.585	0.193	（0.193，0.202）
		双重	7.961**	3.729	4.911	10.339	0.051	（0.046，0.051）
		三重	3.255	1.060	3.474	8.816		

注：圆括号内是参数的 T 值，*、**、*** 表示 t 检验值在 1%、5%、10% 统计性水平显著。

表 5.6　　人力资本的城镇贫困门槛参数估计结果

变量	城乡收入差距绝对数（Income - gap）			城乡收入差距相对数（Income - theil）		
	（0，7244.52）	（7244.52，8612.76）	（8612.76，+∞）	（0，0.193）	（0.193，0.294）	（0.294，+∞）
$urban_{it-1}$	0.964***	0.955***	0.947***	1.103***	1.111***	1.109***
	（198.90）	（197.53）	（170.41）	（163.44）	（160.70）	（159.91）
human	0.146***	0.048***	0.003	0.085***	-0.010*	-0.184***
	（6.04）	（3.14）	（0.17）	（2.68）	（-1.71）	（-4.29）

续表

变量	城乡收入差距绝对数 (Income - gap)			城乡收入差距相对数 (Income - theil)		
	(0, 7244.52)	(7244.52, 8612.76)	(8612.76, +∞)	(0, 0.193)	(0.193, 0.294)	(0.294, +∞)
AR (1) 检验	-3.689	-3.715	-3.784	-3.654	-3.698	-3.747
	[0.000]	[0.000]	[0.000]	[0.000]	[0.000]	[0.000]
AR (2) 检验	-1.654	-1.785	-1.954	-2.121	-2.228	-2.318
	[0.165]	[0.174]	[0.179]	[0.198]	[0.201]	[0.212]
Sargan 检验	31.211	31.562	31.941	29.212	29.451	29.776
	[1.000]	[1.000]	[1.000]	[1.000]	[1.000]	[1.000]

注：圆括号内是参数的 T 值，*、**、*** 表示 t 检验值在 1%、5%、10% 统计性水平显著。AR (1)、AR (2) 和 Sargan 检验系数 [ ] 内是 p 值。

由表 5.7 可知，在农村贫困方程中，城乡收入差距绝对数的门槛值分别为 12771.87 元和 15527.32 元。其中，当 income - gap < 12771.87 元和 12771.87 元≤income - gap≤15527.32 元时，human 的系数均显著为正，且随着城乡收入差距绝对数的扩大，估计系数值有所减小；当 income - gap > 15527.32 元时，human 的系数没有通过显著性检验。城乡收入差距相对数的门槛值分别为 0.051 和 0.193。其中，当 income - theil < 0.051 和 0.051≤income - theil ≤0.193 时，human 的系数均显著为正，且随着城乡收入差距相对数的扩大，估计系数值有所减小；当 income - theil > 0.193 时，human 的系数没有通过显著性检验。

表 5.7　　人力资本的农村贫困门槛参数估计结果

变量	城乡收入差距绝对数 (Income - gap)			城乡收入差距相对数 (Income - theil)		
	(0, 12771.87)	(12771.87, 15527.32)	(15527.32, +∞)	(0, 0.051)	(0.051, 0.193)	(0.193, +∞)
$rural_{it-1}$	1.017***	1.001***	0.992***	1.011***	1.011***	1.001***
	(204.69)	(140.64)	(131.98)	(127.43)	(127.62)	(127.88)

续表

变量	城乡收入差距绝对数（Income - gap）			城乡收入差距相对数（Income - theil）		
	(0, 12771.87)	(12771.87, 15527.32)	(15527.32, +∞)	(0, 0.051)	(0.051, 0.193)	(0.193, +∞)
human	0.192***	0.106**	0.012	0.210***	0.124**	0.016
	(10.10)	(2.35)	(0.81)	(10.79)	(2.04)	(0.94)
AR（1）检验	-3.474	-3.569	-3.684	-4.123	-4.165	-4.187
	[0.000]	[0.000]	[0.000]	[0.000]	[0.000]	[0.000]
AR（2）检验	-0.287	-0.291	-0.295	-0.324	-0.334	-0.398
	[0.139]	[0.166]	[0.182]	[0.142]	[0.149]	[0.153]
Sargan 检验	30.521	31.456	32.531	28.424	29.611	29.874
	[1.000]	[1.000]	[1.000]	[1.000]	[1.000]	[1.000]

注：圆括号内是参数的 T 值，*、**、*** 表示 t 检验值在 1%、5%、10% 统计性水平显著。AR（1）、AR（2）和 Sargan 检验系数 [ ] 内是 p 值。

表 5.8 报告了以城市化为门槛变量的估计结果。由表 5.9 可知，在城镇贫困方程中，城乡收入差距绝对数的门槛值分别为 7435.34 元和 8612.76 元。其中，当 income - gap < 7435.34 元时，city 的系数显著为正；当 7435.34 元≤income - gap≤8612.76 元时，city 的系数没有通过显著性检验；当 income - gap > 8612.76 元时，city 的系数显著为负。城乡收入差距相对数的门槛值分别为 0.202 和 0.243。其中，当 income - theil < 0.202 时，city 的系数显著为正；当 0.202≤income - theil≤0.243 时，city 的系数没有通过显著性检验；当 income - theil > 0.243 时，city 的系数没有通过显著性检验。

表 5.8　　城市化的门槛变量显著性检验和置信区间

被解释变量	参数估计因素	门槛数	F 值	10%	5%	1%	门槛值	95% 置信区间
城镇贫困(urban)	城乡收入差距(Income - gap)	单一	42.220***	48.916	54.858	71.495	8612.76	(8612.76, 9027.22)
		双重	32.666**	11.246	14.528	23.574	7435.34	(6988.35, 7608.34)
		三重	11.848	5.654	7.503	10.768		
	城乡收入差距(Income - theil)	单一	25.518***	6.652	8.297	13.900	0.243	(0.231, 0.248)
		双重	15.940**	6.024	8.152	11.783	0.202	(0.193, 0.203)
		三重	9.521	5.106	7.350	10.681		
农村贫困(rural)	城乡收入差距(Income - gap)	单一	35.911***	43.255	48.688	58.671	15978.51	(15321.31, 16613.98)
		双重	24.007**	20.994	24.497	34.871	8233.77	(8233.77, 10006.62)
		三重	5.832	0.707	4.188	13.717		
	城乡收入差距(Income - theil)	单一	16.732***	9.887	12.786	27.260	0.232	(0.232, 0.301)
		双重	9.534**	7.422	11.017	16.711	0.193	(0.191, 0.202)
		三重	9.403	4.327	5.620	9.128		

注：圆括号内是参数的 T 值，*、**、*** 表示 t 检验值在 1%、5%、10% 统计性水平显著。

表 5.9　　城市化的城镇贫困门槛参数估计结果

变量	城乡收入差距绝对数(Income - gap)			城乡收入差距相对数(Income - theil)		
	(0, 7435.34)	(7435.34, 8612.76)	(8612.76, +∞)	(0, 0.202)	(0.202, 0.243)	(0.243, +∞)
$urban_{it-1}$	0.970***	0.952***	0.941***	0.979***	0.974***	0.972***
	(113.00)	(106.65)	(99.53)	(115.47)	(115.35)	(116.82)
city	0.102*	0.026	−0.091*	0.172***	0.088	−0.039
	(1.87)	(0.52)	(−1.88)	(2.78)	(1.55)	(−0.70)

续表

变量	城乡收入差距绝对数（Income - gap）			城乡收入差距相对数（Income - theil）		
	（0，7435.34）	（7435.34，8612.76）	（8612.76，+∞）	（0，0.202）	（0.202，0.243）	（0.243，+∞）
AR（1）检验	-4.021	-4.121	-4.225	-4.212	-4.319	-4.255
	[0.000]	[0.000]	[0.000]	[0.000]	[0.000]	[0.000]
AR（2）检验	-2.478	-2.563	-2.614	-2.123	-2.228	-2.356
	[0.312]	[0.326]	[0.412]	[0.354]	[0.331]	[0.374]
Sargan 检验	52.125	52.631	53.117	45.216	45.968	46.231
	[1.000]	[1.000]	[1.000]	[1.000]	[1.000]	[1.000]

注：圆括号内是参数的 T 值，*、**、*** 表示 t 检验值在 1%、5%、10% 统计性水平显著。AR（1）、AR（2）和 Sargan 检验系数 [ ] 内是 p 值。

由表 5.10 可知，在农村贫困方程中，城乡收入差距绝对数的门槛值分别为 8233.77 元和 10006.62 元。其中，当 income - gap < 8233.77 元和 8233.77 元≤income - gap≤10006.62 元时，city 的系数没有通过显著性检验；当 income - gap > 10006.62 元时，city 的系数显著为正。城乡收入差距相对数的门槛值分别为 0.193 和 0.232。其中，当 income - theil < 0.051，city 的系数没有通过显著性检验；当 0.193≤income - theil≤0.232 和 income - theil > 0.232 时，city 的系数均显著为正，且随着城乡收入差距相对数的扩大，估计系数值有所增大。

表 5.10　　城市化的农村贫困门槛参数估计结果

变量	城乡收入差距绝对数（Income - gap）			城乡收入差距相对数（Income - theil）		
	（0，8233.77）	（8233.77，10006.62）	（10006.62，+∞）	（0，0.193）	（0.193，0.232）	（0.232，+∞）
$rural_{it-1}$	0.988***	1.005***	0.994***	1.008***	1.006***	0.952***
	(115.66)	(113.86)	(99.54)	(126.96)	(127.00)	(112.87)

续表

变量	城乡收入差距绝对数 (Income - gap)			城乡收入差距相对数 (Income - theil)		
	(0, 8233.77)	(8233.77, 10006.62)	(10006.62, +∞)	(0, 0.193)	(0.193, 0.232)	(0.232, +∞)
city	0.010	0.087	0.141**	0.015	0.046*	0.132**
	(0.15)	(1.46)	(2.38)	(1.27)	(1.73)	(2.14)
AR (1) 检验	-3.132	-3.524	-3.641	-5.214	-5.365	-5.741
	[0.000]	[0.000]	[0.000]	[0.000]	[0.000]	[0.000]
AR (2) 检验	-0.223	-0.237	-0.241	-0.485	-0.486	-0.491
	[0.211]	[0.216]	[0.228]	[0.214]	[0.225]	[0.236]
Sargan 检验	32.145	33.226	33.874	40.211	41.213	42.587
	[1.000]	[1.000]	[1.000]	[1.000]	[1.000]	[1.000]

注：圆括号内是参数的T值，*、**、***表示t检验值在1%、5%、10%统计性水平显著。AR (1)、AR (2) 和Sargan检验系数 [ ] 内是p值。

第六节　结论及政策含义

我国正处于“三期叠加”的经济转型时期，在保证经济可持续增长的同时，实施有效的收入分配政策能够达到贫困治理目的。本书运用动态面板门槛回归模型，实证考察了我国经济增长、收入分配差距与贫困间蕴含的非线性效应。研究发现，当城乡收入差距绝对数和城乡收入差距相对数处于低阈值时，经济发展水平对城镇贫困和农村贫困具有显著的正向影响；当城乡收入差距绝对数和城乡收入差距相对数处于中高阈值时，经济发展水平对城镇贫困和农村贫困不具备作用，甚至具有显著的负向影响。基于本书的分析结论，启示如下。

第一，保持经济可持续发展，提高减贫效用。大力促进农业发展，农业收入是农民收入的重要组成部分，提高并稳定农业收入是保证贫困地区居民收入和摆脱贫困的重要手段。此外，实施“就业优先”政策，通过劳动力培训转移、产业化扶贫等方式，提高贫困居民的市场参与和生产能力，改善贫困地区和贫困居民享受经济发展成果的机会，增加居民收入和缓解贫困脆弱性，进而有助于缩小贫困地区收入差距、贫困地区与其他地区的收入差距。

第二，实施有利于贫困居民的收入分配政策。不断扩大的收入差距抵消了经济增长所带来的减贫作用，经济增长的“涓滴”效应不能有效惠及贫困地区和贫困居民，需要政府这只“看得见的手”通过税收手段优化收入分配方式和结构，通过最低生活保障制度、社会保险制度等，强化制度的再分配功能，进而缩小差距和预防贫困。

第三，加强对贫困地区和贫困居民的财政转移扶持力度。政府可以通过加大对贫困地区和贫困居民财政转移支付力度，并加入财政补贴形式，协助贫困地区和贫困居民改善基础设施和生活条件，增加贫困地区和贫困居民的投资水平，从而增加收入水平。

第六章 我国政府财政扶贫资金绩效评价

第一节　引　　言

随着我国经济的快速发展，扶贫工作得到跨越式发展（底瑜，2005；陈卫洪和谢晓英，2013）[461-462]。然而，在曾经一段时期扶贫效率却有所下降（汪三贵等，2004；赵曦等，2009）[463-464]。政府财政扶贫资金使用效率与减贫效果息息相关（Montalvo and Ravallion，2010）[465]。陈凡和杨越（2003）[466]、帅传敏等（2008）[467]充分肯定政府财政投入在减少贫困中的重要作用。但是，“撒玛利亚困境”理论认为，在不完全信息下，政府需要权衡目标政策的激励效应与效率之间的关系（Currie and Gahvari，2008）[468]。朱乾宇（2004）[469]、李盛基等（2014）[470]实证研究发现，政府的政策性扶贫会产生逆向激励效应，从而降低财政扶贫减贫效应（李小云等，2007；张全红，2010）[471-472]。以政府为主导的扶贫模式，由于缺少资金使用考评体系，会导致政府扶贫资金使用效率的不断下降（Ferreira et al.，2010；刘冬梅，2011）[473-474]。因此，改善扶贫资金使用结构（伍琴，2014）[475]，加强监督和提高监管的透明度（寇永红和吕博，2014）[476]，尽量减少扶贫资金的效率损失，进而改善政府扶贫资金使用绩效（Richard and Adams，2004；赖明和成天柱，2014）[477-478]。

财政扶贫资金管理上的制度问题，导致财政扶贫资金投入效果，扶贫目标瞄准偏离，进而影响财政扶贫资金管理和扶贫效率（姜爱华，2008）[479]。焦克源和吴俞权（2014）[480]研究发现，导致我国财政资金效果边际效应递减在于经济增长质量的下降。因此，通过财政扶贫资金规范使用过程和保证有效的使用效果，根据财政扶贫资金目标，构建财政扶贫绩效评价指标体系（张铭洪等，2014；高波和王善平，2014）[481-482]。因此，本书选择人均财政扶贫支出作为投入指标，选择贫困人口减少数和居民人均收入增加作为直接产出指标，选择公共教育、医疗卫生、基础设施、社会保障、农林水事作为间接产出指标；选择城乡收入差距作为非期望产出指标；运用非径向和非角度的方向性距离模型（Slacks - based Measure model，SBM）测算我国财政扶贫资金绩效，并结合评价结果对改进路径进行探讨。

第二节 模型设定与数据说明

一、模型设定

本书将借鉴 Tone（2001）[483]运用 SBM 模型来测度我国财政扶贫资金效率。其中，$x \in R^m$ 和 $y^b \in R^{s_2}$ 分别为期望产出和非期望产出向量，投入指标为 m，期望产出指标和非期望产出指标分别用 s_1 和 s_2 表示。公式（6.1）为财政扶贫资金效率测度模型：

$$\min EE = \frac{1 - \frac{1}{m}\sum_{i=1}^{m}\frac{w_i^-}{x_{i0}}}{1 + \frac{1}{s_1 + s_2}\left(\sum_{r=1}^{s_1}\frac{s_r^g}{y_{r_0}^g} + \sum_{r=1}^{s_2}\frac{s_r^b}{y_{r_0}^b}\right)} \tag{6.1}$$

$$\begin{aligned} \text{s.t.}\ & x_0 = X\lambda + w^- \\ & y_0^g = Y^g\lambda - w^g \\ & y_0^b = Y^b\lambda + w^b \\ & w^- \geqslant 0,\ w^g \geqslant 0,\ w^b \geqslant 0 \end{aligned}$$

其中，EE 为财政扶贫资金效率，s_r^g 和 s_r^b 分别为期望产出量和非期望产出量，λ 为权重系数向量。

二、评价指标体系构建与数据说明

本书选取除中国港澳台地区以外的全国31个省区市2000～2016年作为数据样本，数据来源于《中国卫生统计年鉴》《中国统计年鉴》《中国农村统计年鉴》《中国财政年鉴》《中国农村贫困检测报告》《中国科技统计年鉴》及各省区市统计年鉴。MAX-DEA模型中选取指标包括投入指标和产出指标（见表6.1）。投入指标方面，选取人均财政扶贫支出作为投入规模的衡量指标。产出指标方面，本书将贫困人口减少数和居民人均收入增加作为公共财政扶贫资金投入直接效用的产出指标；将公共教育、医疗卫生、基础设施、社会保障、农林水事等作为公共财政扶贫资金投入间接效用的产出指标；将城乡收入差距作为公共财政扶贫资金投入的非期望产出指标，力求全面测算出我国政府财政扶贫资金绩效水平。

表6.1　　财政扶贫资金绩效评价指标体系

变量	评价指标	指标含义
投入	财政扶贫资金	财政扶贫资金的投入
期望产出	贫困人口	贫困人口减少数
	人均收入	居民人均收入
	公共教育	平均受教育年限
	医疗卫生	人均拥有的医疗床位数和医生数
	基础设施	人均铺路面积
	社会保障	地区参保人数
	农林水事	灌溉耕地面积/农作物总播种面积
非期望产出	城乡收入差距	城乡居民收入差距绝对数

第三节　实证结果分析

本书根据非期望产出的非径向非角度 SBM - Undesirable 绩效评价模型和数据可得性，测算出 2000 ~ 2016 年我国政府财政扶贫资金绩效水平（见图 6.1）。由图 6.1 可知，2000 ~ 2016 年我国政府财政扶贫资金绩效水平基本呈现出持续上升趋势，从 2000 年的 0.262 上升到 2016 年的 0.808。财政扶贫资金投入过程方面，中央财政扶贫资金从 2001 年的 100 亿元增加到 2016 年的 661 亿元。贫困缓解方面，贫困人口从 2000 年的 46224 万人减少到 2016 年的 4335 万人。然而，贫困地区呈现出“增产不增收”问题，导致贫困人口生活质量改善不明显，甚至存在“返贫”现象。公共教育方面，我国平均受教育年限从 2000 年的 0.708 年上升到 2016 年的 1.231 年，说明财政扶贫资金能够显著提高贫困人口受教育程度，提升减贫能力。医疗卫生方面，对贫困地区医疗卫生的财政扶贫资金投入，能够有效提高贫困地区和贫困人口在医疗卫生方面的支出，进而能够缓解“因病返贫”现象。财政扶贫资金对贫困地

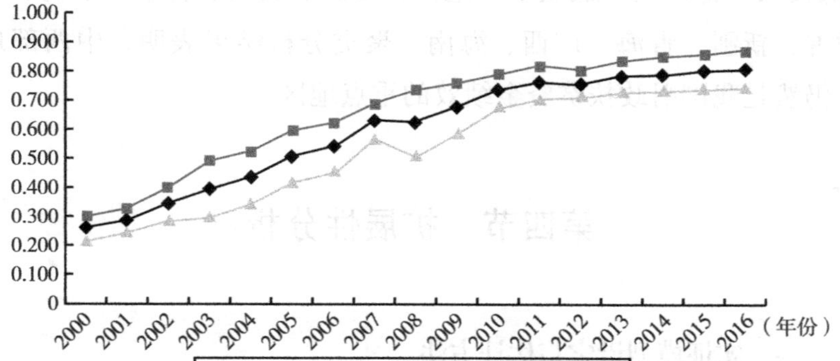

图 6.1　财政扶贫资金绩效水平变动情况

区公共基础设施、社会保障和农林水事的支持，引进与推广农业生产性技术，是提高贫困地区居民生产能力的主要途径。

我国财政扶贫资金绩效的均值为0.596，变异系数为0.904，表明我国财政扶贫资金绩效存在区域差异性。东部地区财政扶贫资金绩效从2000年的0.300上升到2016年的0.870；中西部地区财政扶贫资金绩效从2000年的0.223上升到2016年的0.746。东部地区财政扶贫资金绩效（均值为0.663）要高于中西部地区（均值为0.529），不同地区地理位置和经济发展水平的差异，导致财政扶贫资金投入与产出存在较大的差异。此外，研究发现财政扶贫资金绩效没有通过收敛性检验，说明我国财政扶贫资金绩效区域间的差异正在扩大。本书还采用Ward聚类法对我国财政扶贫资金的投入、产出和绩效进行研究，将我国财政扶贫资金绩效的评价结果分成以下六类地区：一是“高投入—高产出—高效率”地区：广东、浙江、江苏。二是“低投入—高产出—高效率”地区：湖南、湖北、河南、安徽。三是“低投入—低产出—高效率”地区：河北、福建、黑龙江、江西。四是“高投入—高产出—低效率”地区：上海、北京、天津、辽宁、吉林、山东。五是“高投入—低产出—低效率”地区：山西、陕西、四川、重庆。六是“低投入—低产出—低效率”地区：云南、贵州、甘肃、宁夏、内蒙古、新疆、青海、广西、海南。聚类分析结果表明，中西部地区仍然是我国财政扶贫资金绩效的重点地区。

第四节　扩展性分析

一、实证模型设定与估计方法

通过构建面板VAR模型来估计财政扶贫资金投入、农村居民人均收入对财政扶贫资金绩效的影响冲击效应。在进行脉冲响应函数参数估计之前，基于赤池信息准则（AIC）和贝叶斯信息准则（BIC）确定计量模型的滞后三阶为最优模型：

$$Y_{it} = \alpha_i + \beta_t + A_1 y_{it-1} + B y_{it-2} + C y_{it-3} + \varepsilon_{it} \quad (6.2)$$

其中，下标 i 和 t 分别表示第 i 个省份和第 t 年。影响系数A、B和C均是3×3的矩阵形式，α_i 是3×1的个体效应向量，β_t 是3×1的时间效应向量。对面板VAR模型中影响变量排序情况，需要通过考察变量间的相关性检验排序方式的稳健性。通过模型残差的相关矩阵可以看出，相关性排序为农村居民人均收入、财政扶贫资金投入和财政扶贫资金绩效。此外，可以通过调换各变量的顺序来检验面板数据的稳健性，以此作为模型的替代排序方式。

二、计量结果与分析

本书进而分析财政扶贫资金投入对财政扶贫资金绩效的动态冲击效应。本书将通过面板VAR模型的动态传导机制中，对财政扶贫资金投入的扰动项上给予一个标准差大小的冲击，并使用脉冲响应函数曲线图直观地描述财政扶贫资金投入对财政扶贫资金绩效的动态效应。图6.2至图6.5给出PVAR模型的脉冲响应函数曲线图，纵轴表示内生变量对解释变量的响应强度，横轴s则表示冲击作用的滞后期数，本书选择滞后10期作为时间滞后期。中间线条为IRF点估计值，表示正负两倍标准差偏离带。实线代表内生变量对冲击的响应曲线，上下两条分别为95%置信区间。

图6.2中为财政扶贫资金投入对财政扶贫资金绩效的脉冲响应图。当财政扶贫资金投入发生一个单位的正向标准差冲击时，财政扶贫资金绩效受到冲击的影响在第一期到第五期均为负向

影响，这说明财政扶贫资金投入并不具有短视效应，且由于目前我国财政扶贫资金监管和使用制度不完善，财政扶贫资金使用效率偏低。从第六期开始，财政扶贫资金投入开始变成正向效应，而且正向效应呈现出增长态势，说明财政扶贫资金投入对财政扶贫资金绩效具有显著的长期效应。

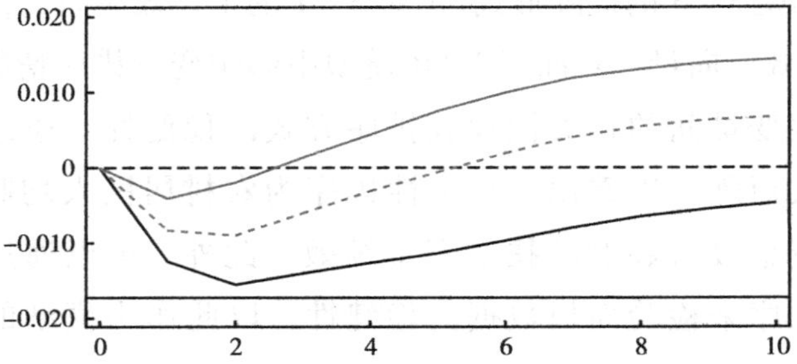

图 6.2　财政扶贫资金投入对财政扶贫资金绩效冲击的脉冲响应

图 6.3 中为农村居民人均收入对财政扶贫资金绩效的脉冲响应图。当农村居民人均收入发生一个单位的正向标准差冲击时，财政扶贫资金绩效受到冲击的影响在第一期到第十期均为正向影响，在第二期响应为最小影响值 0.005，这说明农村居民人均收入的增加，能够改变财政扶贫资金的配置和利用。总体而言，农村居民人均收入对财政扶贫资金绩效冲击为正效应。

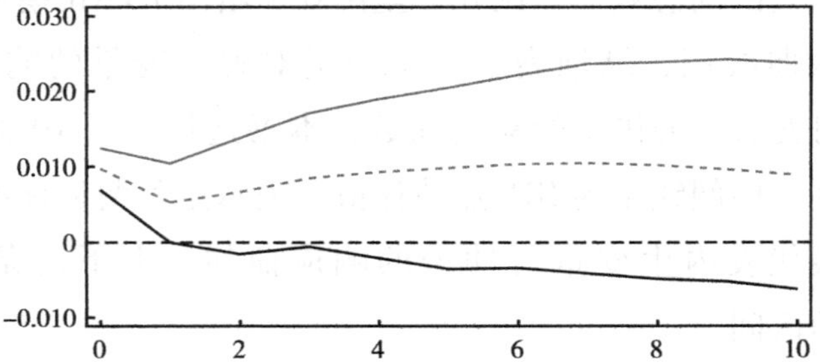

图 6.3　农村居民人均收入对财政扶贫资金绩效冲击的脉冲响应

图 6.4 中为财政扶贫资金投入对农村居民人均收入的脉冲响

应图。当财政扶贫资金投入发生一个单位的正向标准差冲击时，对农村居民人均收入产生显著的负面影响，达到负面作用的峰值 -0.002。随后从第二期负面作用向正面作用转变，且正面作用越来越大。从总体上来看，财政扶贫资金投入对农村居民人均收入的冲击呈现挤入效应。

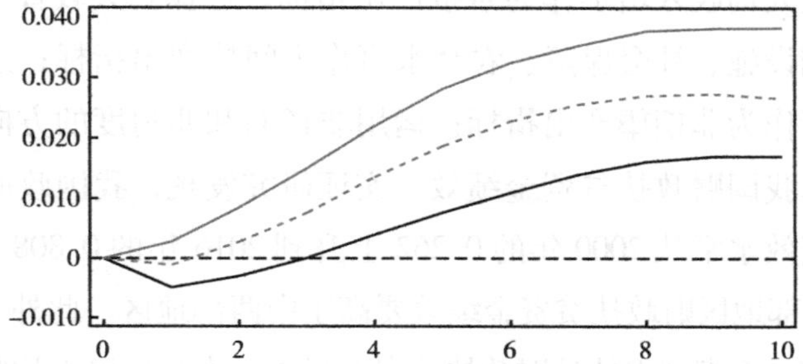

图 6.4　财政扶贫资金投入对农村居民人均收入的脉冲响应

图 6.5 中为农村居民人均收入对财政扶贫资金投入的脉冲响应图。当农村居民人均收入发生一个单位的正向标准差冲击时，对财政扶贫资金投入产生显著的正面影响，达到正面作用的峰值 0.025。随后从第二期正向作用开始减弱，并在第六期到第十期呈现出负向作用。从总体上来看，农村居民人均收入对财政扶贫资金投入的冲击呈现挤入效应。

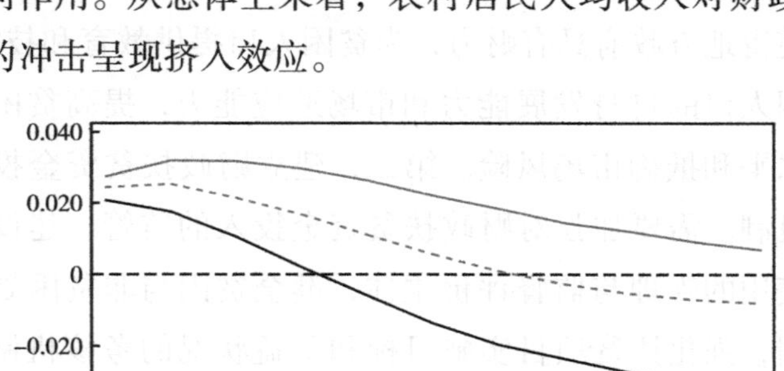

图 6.5　农村居民人均收入对财政扶贫资金投入冲击的脉冲响应

第五节　结论与政策建议

本书选择人均财政扶贫支出作为投入指标，选择贫困人口减少数和居民人均收入增加作为直接产出指标，选择公共教育、医疗卫生、基础设施、社会保障、农林水事作为间接产出指标；选择城乡收入差距作为非期望产出指标；运用非径向和非角度的方向性距离模型测算我国财政扶贫资金绩效。实证研究发现，我国政府财政扶贫资金绩效水平从2000年的0.262上升到2016年的0.808。区域分布上，东部地区财政扶贫资金绩效要高于中西部地区。此外，本书通过构建PVAR模型来估计财政扶贫资金投入、农村居民人均收入对财政扶贫资金绩效的影响冲击效应。研究发现，财政扶贫资金投入对财政扶贫资金绩效具有显著的长期效应，农村居民人均收入对财政扶贫资金绩效、财政扶贫资金投入对农村居民人均收入的冲击均呈现挤入效应，农村居民人均收入对财政扶贫资金投入的冲击呈现挤入效应。

第一，确保财政扶贫资金利用的实效性。不断扩大支农投入规模用以发展农业，为贫困地区经济增长做出贡献。地区经济增长能够使得地方政府具有财力，为贫困人口提供教育和技能培训，增加贫困人口的自身发展能力和市场适应能力，提高贫困地区人力资本水平和抵御市场风险。第二，建立财政扶贫资金投入的绩效考核机制。需要加强对财政扶贫资金投入的监管，建设财政扶贫资金使用的管理与监督评价主体，健全贫困与非贫困划分的标准化机制，强化扶贫项目实施目标和受益状况的考核机制，真正做到给贫困地区和贫困居民的财政资金投入。第三，实行基于动态评估机制的财政扶贫资金投入机制。将第三方机构引入财政扶贫资金使用过程，包括扶贫项目评审、使用过程、后期绩效评价，推进财政扶贫资金使用的群众满意度和政策实施效果的良性协同机制。

财政行为对贫困治理的理论机理及其实证研究
Chapter 7

第七章 优化贫困治理的财政改革路径设计

随着扶贫工作的有序推进，我国扶贫工作取得了重要成就。精准扶贫政策是推进落实“十四五”规划和全面实现小康社会目标的历史使命。面对现有的经济发展和贫困现状，选择适宜的财政扶贫政策是提高扶贫工作成效的关键。

第一节　实现我国扶贫工作效用的财税政策

由于贫困地区和贫困居民受到“市场失灵”的影响，政府干预具有调节公平和效率的空间，因此，政府能够通过税收政策和财政支出的政策方式，促进公共资源的有效配置，惠及贫困地区和贫困居民，并能通过调整税收政策和财政支出政策，实现经济增长和提升减贫效果。

一、税收政策与扶贫工作相协调

第一，完善地方税体系，保障贫困地区税收收入。首先，中央政府应当赋予贫困地区税收分享比例，并规定此项收入用于贫困治理，从而增加贫困地区和贫困居民的收入水平（汪三贵，2007）[484]；其次，贫困地区资源相对丰富，中央政府赋权地方政府征收资源税，通过培育地方政府主体税种，增加贫困地区的税收收入；最后，基于税制体系视角，建立地区间税收协调机制，实现跨区域的横向转移支付，缩小区域间贫富差距。

第二，构建专项税收扶贫优惠政策体系。首先，对于贫困地区投资项目，实行“两免三减半”的优惠政策，对于参与扶贫项目的企业，减免相关增值税及其附加税费，这会有效吸引企业在贫困地区的资本投入，有效增加贫困居民就业机会；其次，改良税收扶贫政策的制度设计，引导和鼓励资金向贫困地区投入，提高贫困地区资本生产能力（刘穷志，2007）[485]。

第三，提高税收征管水平，切实保证扶贫投资项目税收优惠的规范性及其落实落地。构建扶贫数据库，由财政、扶贫办等职能部门共同收集数据，增强以税资政能力，加强税收收入发展态势分析和预测，为政府制订针对贫困地区的扶贫政策提供科学依据（邹薇和张芬，2006）[486]。

二、财政支出政策与扶贫工作相协调

新时期财政扶贫治理的困境，主要反映在扶贫治理机制不完善、扶贫政策资源耗散、扶贫边际效益递减等问题上（欧阳煌等，2015）[487]。实施普惠式扶贫向适度竞争式扶贫战略转变，关注“支出型贫困”救助，优化扶贫资源运作与传递，是“十四五”期间财政支出扶贫的策略选择（方迎风等，2015；郑瑞强和王英，2016）[488-489]。

第一，加强财政支农支出，改善贫困地区基础设施建设。我国贫困地区往往是自然环境和基础设施等资源落后的地区（邹薇和方迎风，2011）[490]，增加贫困地区的财政支农支出，意味着能够促进贫困地区的信息流通，改善贫困地区的生活环境、交通等问题，从而提高贫困居民收入水平和加速贫困地区经济增长。

第二，增加农村教育支出，提高人力资本水平。能力性贫困是我国贫困地区发展的主要因素（张全红和张建华，2007）[491]。提高贫困地区和贫困居民能力是实现可持续减贫的根本途径，政府可以通过加大基础教育、职业教育、技能培训的投入力度，实现贫困地区能力性的扶贫，能够有效解决贫困的代际传递现象，实现贫困地区和贫困居民通过能力性发展以达到从根本上改善贫困问题的目标（方迎风和邹薇，2013）[492]。

第三，增加农村医疗支出，提升农村贫困居民抗风险能力。

首先，政府具有配置公共医疗资源的能力，能够通过提供医疗服务和医疗支出，使得公共医疗资源流向农村贫困者，从而改善地区间医疗资源配置不均衡和农村贫困居民健康状况；其次，协调公共医疗资源和贫困居民需求，通过预防性医疗服务提升贫困地区和贫困居民的风险能力，维护其生存权和发展权（孙文中，2013）[493]。

三、增加财政扶贫专项资金项目

贫困地区具有基础设施薄弱和资金短缺等问题，难以有效积累生产资本。财政扶贫专项资金项目有利于贫困地区的资本积累和经济生产条件改善，包括改善贫困地区道路交通、农田水利设施等基础设施状况，为农业生产提供便利条件，同时，能够为当地贫困地区的贫困居民提供就业机会，进而带动贫困居民收入增长。此外，应构建财政扶贫专项资金项目动态监评的指标体系（王善平和高波，2012）[494]，包括财政资金的分配、使用和监督三个方面对管理机制进行评估，创新财政扶贫资金管理交流机制，从而达到降低扶贫治理成本、提高治理绩效的目标（王敏等，2016）[495]。

第二节　实现我国扶贫效用的路径选择和机制设计

一、引导社会参与扶贫工作

政府在反贫困活动中起着主导作用，政府主导型扶贫模式能够有效发挥扶贫资金优势。然而，在多元化贫困成因的背景下，拥有资金使用权和分配权的政府部门，往往不能有效地掌握贫困居民的需求，会出现资源配置错配问题，依靠行政配置资源会带来要素配置扭曲，给以政府为主导的扶贫模式带来挑战。因此，需要政府与社会方式共同参与减贫工作（陈忠言，2015）[496]。在扶贫资源的集聚和利用方面引入社会主体，发挥社会主体的灵活性，激发民间资本对地区贫困的缓解作用，构建政府、社会、贫困居民参与的多元化扶贫机制，完善扶贫主体间的协同机制及扶贫资源整合机制（林俐，2016）[497]。

二、完善市场化扶贫机制

构建以政府为主导、市场参与的扶贫机制的“岗底模式”，能够有效提高减贫效率（赵慧峰等，2012）[498]。财政资金具有无偿性特征，贫困地区和贫困居民对财政资金会产生依赖性。市场化扶贫有利于调动贫困地区和贫困居民参与减贫工作的积极性，财政扶贫机构能够在扶贫过程中进行等价交换实现经济活动利益的双赢，寻求既定减贫目标和扶贫成本下的减贫效果，确实提高扶贫政策的实施效率，为国家选取适宜扶贫政策提供参考（黎攀和方迎风，2016）[499]。然而，贫困群体属于社会“弱势群体”，在市场博弈中处于劣势，市场化扶贫设置需要注重对贫困居民的保护。此外，应当通过制订《扶贫法》，以依法筹集和分配财政扶贫资金为主要任务，制订扶贫管理机制和监督机制，保证财政扶贫资金使用过程的公开透明，并保证市场扶贫主体相应的合法权益。

三、实行精准扶贫机制

在国家治理体系和治理能力现代化的要求下，精准扶贫是新时期我国扶贫工作的目标导向。精准扶贫是扶贫开发政策从普惠式向适度竞争式转变所采取的必然措施，能够有效提高扶贫资金优化配置和提升资源利用效益（唐丽霞等，2015）[500]。目前，我国扶贫工作出现瞄准偏离、资源溢出以及功能异化等制度困境，精准扶贫利用政策改善扶贫过程中的不公平，达到扶贫工作的可持续发展（刘欣，2016）[501]，实现扶贫开发资源短期减贫效应和脱贫主体可持续长效发展，强化扶贫模式协同，健全脱贫人口返贫风险预警（林万龙等，2016）[502]，从而使得扶贫瞄准机制由县级瞄准转变为村级、户级瞄准，全面推进农村精准扶贫战略（赵曦和赵朋飞，2016）[503]。

四、实施贫困治理的区域联动机制

贫困地区的生态资源通常呈现出集中成片和跨地区存在的现象，亟须改变地区封闭切割和恶性竞争的贫困治理模式，建立区域贫困治理的联动机制，切实开展互信共赢的贫困治理产业发展新模式（路锦非和曹艳春，2011）[504]。强化贫困地区的基础设施区域协作，建立产业扶贫和科技扶贫的配套机制，实施城乡贫困协调治理机制，探索贫困地区的经济协调发展新动力（张永丽和宋健，2017）[505]，开展贫困地区精准扶贫与区域发展协同耦合治理，从而实现具有中国特色的区域扶贫政策和保障体系。

财政行为对贫困
治理的理论机理
及其实证研究
Chapter 8

第八章 结　论

一、研究结论

本书的研究依照“文献梳理—理论机制—现状分析—模型构建—实证研究—政策建议”的分析脉络展开。本书在梳理财税政策和贫困治理相关理论的基础上，探讨了财政行为影响贫困治理的理论机制，揭示了财政扶贫政策与减贫的现实情况；系统全面考察了财政支出、收入分配差距对贫困治理的直接效应和间接效应；同时，拓展性地实证分析了财政教育支出、财政转移支付对贫困治理的政策效应，多维度分析并系统评价了财政行为对贫困治理的空间溢出效应、非线性效应和外部效应的作用特征，最后对我国充分发挥财政职能促进贫困治理进行了展望，为我国财政扶贫与贫困治理提供了理论依据和全新思路。本书得出以下五个方面的研究结论。

第一，通过空间半参数非线性 Durbin 模型构建和估计，分析了我国财政支出对贫困治理的空间非线性影响效应。本书主要得出以下结论：城镇贫困和农村贫困在区域间具有显著的正向空间依赖性，本地区贫困程度的减少对相邻地区减贫工作具有促进作用。因此，我国贫困地区呈现出集中连片的分块聚集特征；财政支出、支农支出和医疗卫生支出对减贫存在显著的促进作用；支农支出和医疗卫生支出在区域间呈现出显著的正向空间外溢效应；而财政支出在区域间呈现出显著的负向空间外溢效应，即财政支出竞争会对相邻地区减贫效应起抑制作用。

第二，运用修正的引力模型测算出我国财政教育支出的空间关联关系，以及财政教育支出对农村减贫的空间关联影响效应。空间关联网络研究结论表明，我国财政教育支出在空间关联上呈现出复杂的、多线程的网络结构；QAP 回归分析结果表明，区域间财政教育支出差异和人力资本差异与农村贫困联动矩阵呈现显著负相关关系，区域间技术发展水平差异和经济发展水平差异与农村贫困联动矩阵呈现显著正相关关系。

第三，根据专项转移支付数额、是否属于国家级贫困县、农民人均纯收入之间的关系建立模糊断点回归模型，研究国家级贫困县资格对于专项转移支付的影响，并进一步分析专项转移支付增加与农民人均纯收入增长的正向关系。本书的研究结论如下：国家级贫困县资格能够使本县的专项转移支付增加 2.4 万元左右，同时每增加 1 万元的专项转移支付就能够使农民人均纯收入增加大约 0.482 元，专项转移支付的增加对于农民人均纯收入的提高具有积极的推动作用，所以适当增加专项转移支付能够在一定程度上解决农民人均纯收入低的问题。

第四，运用动态面板门槛回归模型考察我国收入分配差距与贫困间蕴含的非线性效应。本书的研究发现，当城乡收入差距绝对数和城乡收入差距相对数处于低阈值时，经济发展水平对城镇贫困和农村贫困具有显著的正向影响；当城乡收入差距绝对数和城乡收入差距相对数处于中高阈值时，经济发展水平对城镇贫困和农村贫困不具备作用，或具有显著的负向影响。

第五，选择人均财政扶贫支出作为投入指标，选择贫困人口减少数和居民人均收入增加作为直接产出指标，选择公共教育、医疗卫生、基础设施、社会保障、农林水事作为间接产出指标，选择城乡收入差距作为非期望产出指标，运用非径向和非角度的方向性距离模型测算我国财政扶贫资金绩效。本书的实证研究发现，我国政府财政扶贫资金绩效水平从 2000 年的 0.262 上升到 2016 年的 0.808；在区域分布上，东部地区财政扶贫资金绩效高于中西部地区。

二、尚待进一步探讨的问题

本书从理论机制、现状分析和实证研究等方面，探索性地研究了财政行为对我国贫困治理的影响效应，取得了部分的研究成果。但是，本书也存在一定的不足，需要作进一步拓展。

第一，尽管利用世界银行网站提供的 POVCAL 工具测算了贫困发生率、贫困缺口率和贫困强度指数构造贫困指数，运用 Dagum 基尼系数和极化指数分析财政扶贫和地区贫困的变化趋势及特征，并通过 Kernel 密度估计和 Markov 链转移概率矩阵实证检验财政扶贫与地区贫困的非均衡性发展状态，为财政扶贫与贫困治理的理论、实证和调研研究提供基本参考依据，但仍存在较大的进一步展开研究的空间。

第二，本书涉及的研究数据大多建立在宏观数据基础上，从更为全面的角度考虑，需要结合微观考察，通过对我国财政扶贫情况进行实地问卷调查，对国内近年来财政扶贫成效凸显的地区进行案例分析，以掌握财政扶贫对地区贫困的现实影响，进而通过引入行为主体策略的差异性构建非完全信息动态博弈模型，可更为充分地揭示财政扶贫资金变动或非稳定预期下的区域贫困策略选择，这将是本领域的发展方向。

对于以上本书中所存在的不足，笔者将通过后期的探索与研究，对研究进行补充完善。

参考文献

[1] Ravallion M, Datt G. Why has economics growth been more pro – poor in some states of India than others [J]. Journal of Development Economics, 2002, 68 (2): 381 – 400.

[2] Kraay. When is growth pro – poor? Evidence from a panel of countries [J]. Journal of Development Economics, 2006, 80 (1): 198 – 227.

[3] 汪三贵. 在发展中战胜贫困: 对中国 30 年大规模减贫经验的总结与评价 [J]. 管理世界, 2008 (11): 78 – 88.

[4] Dollar D, Kleineberg T, Kraay A. Growth still is good for the poor [J]. European Economic Review, 2016, 81 (1): 68 – 85.

[5] Arndt C, Jones S, Tarp F. Aid, growth, and development: have we come full circle [J]. Journal of Globalization and Development, 2010, 1 (2): 5 – 34.

[6] Agénor. Health and infrastructure in a model of endogenous growth [J]. Journal of Macroeconomics, 2008, 30 (4): 1407 – 1422.

[7] 程名望, Jin Yanhong, 盖庆恩, 史清华. 农村减贫: 应该更关注教育还是健康? [J]. 经济研究, 2014 (11): 130 – 144.

[8] 祝建华. 贫困代际传递过程中的教育因素分析 [J]. 教育发展研究, 2016 (3): 36 – 44.

[9] 马文武, 杨少垒. 我国农村多维人力资本减贫效应实证

研究［J］. 经济问题探索，2017（8）：39－49.

［10］岳希明 .2011 年个人所得税改革的收入再分配效应［J］. 经济研究，2012（9）：113－124.

［11］韩秀兰，李宝卿．益贫式增长与社会机会分配［J］. 统计研究，2011（12）：41－48.

［12］周艳，王嫚．税收促进贫困治理的政策分析：路径、效果与创新［J］. 山西农业大学学报（社会科学版），2019，18（3）：16－22.

［13］赵子乐，黄少安．二元社会养老保障体系下的转移支付［J］. 金融研究，2013（2）：33－45.

［14］缪陆军．对我国现行支持脱贫攻坚税收优惠政策的审视［J］. 税务研究，2019（12）：86－88.

［15］孙开，金哲．环境保护视角下的消费税改革路径［J］. 税务研究，2012（6）：40－43.

［16］张慧芳，雷咸胜．精准扶贫背景下新农保财政补贴机制的优化设计［J］. 税务与经济，2017（1）：25－29.

［17］徐建炜，马光荣，李实．个人所得税改善中国收入分配了吗［J］. 中国社会科学，2013（6）：53－71.

［18］习小琴．论我国贫困问题的税收治理［J］. 税务研究，2017（11）：100－104.

［19］周艳．税收促进贫困地区发展的作用机理及建议［J］. 税务研究，2018（3）：96－98.

［20］王晓红．精准扶贫视角下提升我国农业保险财政补贴效率研究［J］. 理论探讨，2020（1）：102－107.

［21］杨颖．税收与脱贫开发的关系探讨——以中国西部为例［J］. 社会科学家，2013（8）：59－62.

［22］王伟域，陈斌才．贫困地区县域经济税源状况与后营改增时期的对策建议［J］. 财政科学，2018（3）：129－137，144.

[23] 胡冰川. 改革开放四十年农业支持保护制度：脉络与发展 [J]. 江淮论坛，2019 (2)：29-36.

[24] 李丹，裴育. 国家贫困县存在税收竞争吗？[J]. 审计与经济研究，2019 (1)：108-116.

[25] 姚林香. 中部地区脱贫攻坚财税政策减贫效应及优化路径 [J]. 社会科学家，2019 (5)：13-19.

[26] 张楠，刘蓉，卢盛峰. 间接税亲贫性与代内归宿——穷人从减税中获益了吗？[J]. 金融研究，2019 (6)：76-93.

[27] GITTELL R. The wider impacts of BRAC poverty comparative perspectives on the relationship of public finance and poverty [J]. Public Finance and Management，2010 (10)：405-410.

[28] KHALEDI K，SAEID Y，HAGHIGHATNEZHAD S. The effect of agriculture investment on rural poverty alleviation in IRAN [J]. Quarterly Iranian Economic Research，2008 (35)：205-217.

[29] LAL D，SHARMA A. Private household transfers and poverty alleviation in rural India：1988—1999 [J]. Journal of Applied Economic Research，2009，3 (2)：97-112.

[30] 刘冬梅. 中国政府开发式扶贫资金投放效果的实证研究 [J]. 管理世界，2001 (6)：123-131.

[31] 章奇，米建伟，黄季焜. 收入流动性和收入分配：来自中国农村的经验证据 [J]. 经济研究，2007 (11)：123-138.

[32] 朱迎春. 我国财政支农资金的收入分配效应研究 [J]. 当代财经，2013 (9)：39-48.

[33] Huang，Rozell and Rosegrant. China's food economy to the twenty-first century：Supply，demand，and trade [J]. Economic Development and Cultural Change，1999，47 (4)：737-766.

[34] Rivera J P R，Conchada M I P. Assessing the impacts of food and non-food grant on poverty alleviation in the Philippines：the

case of Pasay city [J]. Malaysian Journal of Economic Studie, 2013, 50 (1): 53 –78.

[35] 李实，詹鹏，杨灿. 中国农村公共转移收入的减贫效果 [J]. 中国农业大学学报（社会科学版），2016 (5): 71 –80.

[36] 王艺明，刘志红. 大型公共支出项目的政策效果评估：以“八七扶贫攻坚计划”为例 [J]. 财贸经济，2016 (1): 33 –47.

[37] Emmanuel and Maro. Conditional cash transfers, adult work incentives, and poverty [J]. Journal of Development Studies, 2008, 44 (7): 935 –960.

[38] 张川川，John Giles，赵耀辉. 新型农村社会养老保险政策效果评估：收入、贫困、消费、主观福利和劳动供给 [J]. 经济学季刊，2015 (1): 203 –231.

[39] 杨怀宏. 我国财政转移支付对城镇减贫效应分析 [J]. 城市发展研究，2015 (6): 22 –25.

[40] 王蓉. 我国传统扶贫模式的缺陷与可持续扶贫的战略选择 [J]. 农村经济，2001 (2): 8 –10.

[41] 魏众，古斯塔夫森. 中国居民医疗支出不公平性分析 [J]. 经济研究，2005 (12): 26 –34.

[42] 陈卫洪，谢晓英. 扶贫资金投入对农户家庭收入的影响分析——基于贵州省1990—2010年扶贫数据的实证检验 [J]. 农村技术经济，2013 (4): 35 –42.

[43] JUNG S, CHO S H, ROBERTS R K. The impact of government funding of poverty reduction programmes [J]. Papers in Regional Science, 2015, 94 (3): 653 –675.

[44] 解垩，宋颜群. 中国财政资金扶贫绩效及其影响因素分析 [J]. 财政研究，2020 (5): 36 –50.

[45] 毛捷，汪德华，白重恩. 扶贫与地方政府公共支出——

基于“八七扶贫攻坚计划”的经验研究［J］. 经济学（季刊），2012（4）：1365－1388.

［46］张鹏飞. 财政政策、精准扶贫与农村脱贫［J］. 浙江社会科学，2019（4）：28－35.

［47］刘明慧，侯雅楠. 财政精准减贫：内在逻辑与保障架构［J］. 财政研究，2017（7）：9－22.

［48］刘明慧，章润兰. 财政物质资本支出、财政人力资本支出与减贫［J］. 经济与管理评论，2020（5）：98－111.

［49］卢盛峰，陈思霞，时良彦. 走向收入平衡增长：中国转移支付系统“精准扶贫”了吗？［J］. 经济研究，2018（11）：49－64.

［50］陈国强，罗楚亮，吴世艳. 公共转移支付的减贫效应估计——收入贫困还是多维贫困？［J］. 数量经济技术经济研究，2018（5）：59－76.

［51］Alkire S，Foster J. Counting and multidimensional poverty measurement［J］. Journal of Public Economics，2011，95（7）：476－487.

［52］Imai K S. Poverty，undernutrition and vulnerability in rural India：Role of rural public works and food for work programmes［J］. International Review of Applied Economics，2011，25（6）：669－691.

［53］Gertler P J，Martinez S W，Rubio－Codina M. Investing cash transfers to raise long－term living standards［J］. American Economic Journal：Applied Economics，2012，4（1）：164－192.

［54］李丹，李梦瑶. 财政转移支付的减贫效应研究——基于国定扶贫县的实证分析［J］. 财经研究，2020（10）：48－63.

［55］钟春平，陈三攀，徐长生. 结构变迁、要素相对价格及农户行为——农业补贴的理论模型与微观经验证据［J］. 金融研

究，2013（5）：167－180.

［56］房连泉．国际扶贫中的退出机制——有条件现金转移支付计划在发展中国家的实践［J］．国际经济评论，2016（6）：86－104.

［57］卢现祥，徐俊武．公共政策、减贫与有利于穷人的经济增长——基于1995—2006年中国各省转移支付的分析［J］．制度经济学研究，2009（2）：112－125.

［58］Hwang S J. Public pensions as the great equalizer? Decomposition of old－age income inequality in South Korea［J］. Journal of Aging & Social Policy，2016，28（2）：81－97.

［59］卢盛峰，卢洪友．政府救助能够帮助低收入群体走出贫困吗？——基于1989—2009年CHNS数据的实证研究［J］．财经研究，2013（1）：4－16.

［60］Notten G. How poverty indicators confound poverty reduction evaluations：The targeting performance of income transfers in Europe［J］. Social Indicators Research，2016，127（3）：1039－1056.

［61］徐超，李林木．城乡低保是否有助于未来减贫——基于贫困脆弱性的实证分析［J］．财贸经济，2017（5）：5－19.

［62］卢洪友，杜亦譞．中国财政再分配与减贫效应的数量测度［J］．经济研究，2019（2）：4－20.

［63］郑晓冬，上官霜月，陈典，方向明．有条件现金转移支付与农村长期减贫：国际经验与中国实践［J］．中国农村经济，2020（9）：124－144.

［64］李晓嘉，蒋承，胡涟漪．民生性财政支出对我国家庭多维贫困的影响研究［J］．数量经济技术经济研究，2019（11）：160－177.

［65］都阳，Park A．中国的城市贫困：社会救助及其效应［J］．经济研究，2007（12）：24－33.

[66] 郭劲光，孙浩．社会保障是否有助于未来减贫？——基于贫困脆弱性视角的检验 [J]．学习与实践，2019 (12)：105 - 117.

[67] 杨良松，周宇，刘俊．地方全口径财政扶贫支出评估——规模、结构与变迁 [J]．中国行政管理，2020 (4)：21 - 27.

[68] 曹艳春．农村低保制度对贫困群体生活水平改善效应研究 [J]．中国人口科学，2016 (6)：88 - 97.

[69] 黄薇．医保政策精准扶贫效果研究——基于 URBMI 试点评估入户调查数据 [J]．经济研究，2017 (9)：117 - 132.

[70] 刘一伟．社会保障支出对居民多维贫困的影响及其机制分析 [J]．中央财经大学学报，2017 (7)：7 - 18.

[71] 李伊，吴浩．我国财政民生资金支出的农村减贫效应及反贫困策略研究 [J]．理论探讨，2019 (2)：108 - 114.

[72] 赵曦，熊理然，肖丹．中国农村扶贫资金管理问题研究 [J]．农村经济，2009 (1)：47 - 50.

[73] 黄薇．保险政策与中国式减贫：经验、困局与路径优化 [J]．管理世界，2019 (1)：135 - 150.

[74] 黄清峰．社会保障支出与农村贫困减少动态关系的实证检验 [J]．统计与决策，2013 (19)：102 - 104.

[75] 乐章，刘二鹏．家庭禀赋、社会福利与农村老年贫困研究 [J]．农业经济问题，2016 (8)：63 - 73.

[76] 解垩．公共转移支付与老年人的多维贫困 [J]．中国工业经济，2015 (11)：32 - 46.

[77] 陈宗胜，沈扬扬，周云波．中国农村贫困状况的绝对与相对变动——兼论相对贫困线的设定 [J]．管理世界，2013 (1)：67 - 75.

[78] 王金营，杨茜．中国贫困地区农村老年人家庭贫困——富裕度研究 [J]．人口学刊，2014 (2)：45 - 54.

[79] 刘一伟，汪润泉．“加剧”还是“缓解”：社会保障转移支付与老年贫困——基于城乡差异的分析［J］．山西财经大学学报，2017（2）：12－21.

[80] 王宇伟，范从来．财政支出结构与益贫式增长［J］．社会科学辑刊，2019（3）：191－201.

[81] 刘俊英．公共支出政策减贫研究新进展与动态分析［J］．河南大学学报（社会科学版），2017（7）：40－47.

[82] Udofia L，Essang N. Agricultural expenditure and poverty alleviation in Nigeria［J］．European Journal of Business and Management，2015，7（21）：29－44.

[83] 贾俊雪，秦聪，刘勇政．“自上而下”与“自下而上”融合的政策设计——基于农村发展扶贫项目的经验分析［J］．中国社会科学，2017（9）：68－89.

[84] 苑梅．精准脱贫中财政政策的有效供给研究［J］．经济纵横，2019（6）：116－121.

[85] 高齐圣，王秋苏．我国财政支农支出的减贫效应分析——基于VAR模型和SVAR模型的检验［J］．系统工程，2019（1）：35－43.

[86] 聂军，冉戎，唐源珑．地方政府财政压力与企业精准扶贫投入［J］．商业研究，2020（3）：104－112.

[87] 李静，马丽娟，姜旭．财政支出、农村人口对脱贫攻坚的影响［J］．社会科学战线，2019（9）：249－253.

[88] 邹文杰，林航，朱鹏颐．财政支农减贫的结构效应及门槛特征［J］．东南学术，2019（6）：110－117.

[89] 吕炜，刘畅．政府公共福利对中国益贫式增长的影响［J］．财政研究，2010（10）：26－31.

[90] 张运书，李玉文．贫困农民收益权的现实样态与制度构建——基于财政支农资金扶贫视角［J］．宁夏社会科学，2018

(7): 66-71.

[91] 高云虹，刘强. 收入增长和收入分配对城市减贫的影响 [J]. 财经科学，2011 (12): 90-98.

[92] 盛文霞，余家凤，易发云，徐辉. 精准扶贫导向下财政支出增收效应分析 [J]. 统计与决策，2017 (21): 96-99.

[93] Sommers B D, Oellerich D. The poverty - reducing effect of Medicaid [J]. Journal of Health Economics, 2013, 32 (5): 816-832.

[94] Asadullah M N, Savoia A, Mahmud W. Paths to development: Is there a bangladesh surprise? [J]. World Development, 2014 (64): 138-154.

[95] 李华，俞卫. 政府卫生支出对中国农村居民健康的影响 [J]. 中国社会科学，2013 (10): 41-60.

[96] 郑喜洋，申曙光. 财政卫生支出：提升健康与降低费用——兼论企业医保降费 [J]. 经济管理，2019 (1): 5-21.

[97] Mcintyre D., Meheus F., Rottingen J. What level of domestic government health expenditure should we aspire to for universal health coverage? [J]. Health Economics, Policy and Law, 2017, 12 (2): 125-137.

[98] 刘子宁，郑伟，贾若，景鹏. 医疗保险、健康异质性与精准脱贫——基于贫困脆弱性的分析 [J]. 金融研究，2019 (5): 56-75.

[99] Hamid S. A., Roberts J., Mosley P. Evaluating the health effects of micro health insurance placement: Evidence from Bangladesh [J]. World Development, 2011, 39 (3): 399-411.

[100] 周钦，田森，潘杰. 均等下的不公——城镇居民基本医疗保险受益公平性的理论与实证研究 [J]. 经济研究，2016 (6): 172-185.

[101] 郭君平，宁爱照，曲颂．参与式社区综合发展“益贫”还是“溢富”？——基于精准扶贫和收入分配效应视角 [J]. 农业经济问题，2017 (10)：52-62.

[102] Alkire, S., Apablaza, M., Chakravarty, S. and Yalonetzky, G. Measuring chronic multidimensional poverty [J]. Journal of Policy Modeling, 2017, 37 (6): 983-1006.

[103] Zheng D., Gong J., Zhang C. Efficiency of medical service systems in the rural areas of Mainland China: A Comparative Study from 2013 to 2017 [J]. Public Health, 2019 (171): 139-147.

[104] 李静．中国健康扶贫的成效与挑战 [J]. 求索，2019 (5)：95-103.

[105] Li J., Shi L., Liang H., et al. Health care utilization and affordability among older people following China's 2009 health reform: Evidence from CHARLS pilot study [J]. International Journal for Equity in Health, 2019, 18 (1): 62-71.

[106] 周坚，周志凯，何敏．基本医疗保险减轻了农村老年人口贫困吗——从新农合到城乡居民医保 [J]. 社会保障研究，2019 (3)：33-45.

[107] Rolleston C. Educational access and poverty reduction: The case of Ghana 1991-2006 [J]. International journal of educational development, 2011, 31 (4): 338-349.

[108] 林迪珊，张兴祥，陈毓虹．家庭公共教育投资是否有助于缓解人口贫困——基于跨国面板的实证检验 [J]. 财贸经济，2016 (8)：34-49.

[109] 蔡文伯，翟柳淅．民族地区教育财政支出减贫效应的空间溢出与门槛特征 [J]. 西南大学学报（社会科学版），2018 (2)：69-76.

[110] 陈志钢，毕洁颖，吴国宝，何晓军，王子妹一．中国

扶贫现状与演进以及2020年后的扶贫愿景和战略重点［J］. 中国农村经济，2019（1）：2－16.

［111］李慧玲，徐妍. 交通基础设施、产业结构与减贫效应研究——基于面板VAR模型［J］. 技术经济与管理研究，2016（8）：25－30.

［112］Chotia V，Rao N V M，Tyler C. An empirical investigation of the link between infrastructure development and poverty reduction：The case of India［J］. International Journal of Social Economics，2017，44（12）：1906－1918.

［113］谢申祥，刘生龙，李强. 基础设施的可获得性与农村减贫——来自中国微观数据的经验分析［J］. 中国农村经济，2018（5）：112－131.

［114］和立道，王英杰，路春城. 人力资本公共投资视角下的农村减贫与返贫预防［J］. 财政研究，2018（5）：15－24.

［115］Arma N A，Noor I，Sujarwoto M. Infrastructure expenditure and poverty reduction in Indonesia［J］. The Russian Journal of Agricultural and Socio－Economic Sciences，2018，4（76）：40－51.

［116］Wang P，Poe G L，Wolf S A. Payments for ecosystem services and wealth distribution［J］. Ecological Economics，2017，132（2）：63－68.

［117］何秀荣. 改革40年的农村反贫困认识与后脱贫战略前瞻［J］. 农村经济，2018（11）：1－8.

［118］吴乐，孔德帅，靳乐山. 生态补偿有利于减贫吗？——基于倾向得分匹配法对贵州省三县的实证分析［J］. 农村经济，2017（9）：48－55.

［119］余守文，蒋昆. 贫困地区片区开发中政府支出责任困境解决新思路［J］. 学习与探索，2019（9）：112－118.

［120］Dollar D，Kraaya. Growth is good for the poor［J］. Journal of Economic Growth，2002，7（3）：195－225.

［121］ Liu Y，Liu J，Zhou Y. Spatio－temporal patterns of rural poverty in China and targeted poverty alleviation strategies ［J］. Journal of Rural Studies，2017（52）：66－75.

［122］ 张卫国，田逸飘，刘明月．特色农业发展的减贫效应——基于收入增长和经济增长渠道的对比［J］．现代财经，2017（6）：41－53.

［123］ 郑秀峰，朱一鸣．普惠金融、经济机会与减贫增收［J］．世界经济文汇，2019（1）：101－120.

［124］ 张国建，佟孟华，李慧，陈飞．扶贫改革试验区的经济增长效应及政策有效性评估［J］．中国工业经济，2019（8）：136－154.

［125］ 方迎风．国家级贫困县的经济增长与减贫效应［J］．社会科学研究，2019（1）：15－25.

［126］ 郭远智，周扬，刘彦随．云南省县域经济发展与农村减贫的空间耦合协调分析［J］．经济经纬，2019（1）：1－9.

［127］ 周扬，童春阳．中国经济增长与公共投资的减贫效应测度研究［J］．经济经纬，2019（11）：32－39.

［128］ Datt G，Ravallion M. Growth and redistribution components of changes in poverty measures：a decomposition with applications to Brazil and India in the 1980s ［J］. Journal of Development Economics，1992，38（2）：275－295.

［129］ 刘成奎，王宙翔，齐兴辉．中国居民收入不公平的测度与分解［J］．统计与决策，2019（23）：77－80.

［130］ 叶慧，刘玢彤．不同收入等级农村居民基本医疗保险受益公平性研究［J］．社会保障研究，2020（1）：23－32.

［131］ Meng，L. Evaluating China's poverty alleviation program：A regression discontinuity approach ［J］. Journal of Public Economics，

2013 (101): 1-11.

[132] 刘祖云. 城乡融合发展与创新贫困治理 [J]. 郑州大学学报 (哲学社会科学版), 2020 (5): 12-17.

[133] 张永丽, 宋健. 收入增长、收入分配与农村贫困 [J]. 经济经纬, 2017 (6): 26-31.

[134] Guo Y, Zhou Y, Cao Z. Geographical patterns and anti-poverty targeting post-2020 in China [J]. Journal of Geographical Sciences, 2018, 28 (12): 1810-1824.

[135] 卢盛峰, 时良彦, 金行. 中国代际贫困的传递特征测度及财政治理研究 [J]. 财贸研究, 2020 (5): 66-76.

[136] 王忠. 矿业权集聚、经济增长与区域贫困减缓 [J]. 中国人口·资源与环境, 2017, 27 (2): 117-125.

[137] 杜为公, 王静. 转型期的中国城市贫困问题及治理 [J]. 当代经济管理, 2017 (6): 23-30.

[138] 张学鹏, 孙明雨. 农户收入结构与脱贫成果巩固 [J]. 宁夏社会科学, 2020 (5): 73-82.

[139] 李婷婷, 郭沛, 栾江, 陈建成. 西部贫困农村地区教育与劳动力非农收入差距 [J]. 经济问题探索, 2016 (8): 142-149.

[140] 刘一伟. 劳动力流动、收入差距与农村居民贫困 [J]. 财贸研究, 2018 (5): 54-63.

[141] 于乐荣, 李小云. 中国益贫经济增长的时期特征及减贫机制 [J]. 贵州社会科学, 2019 (8): 100-107.

[142] 左孝凡, 王翊嘉, 陆继霞. 社会保障支出、收入差距与农村居民贫困脆弱性 [J]. 统计与决策, 2020 (15): 84-88.

[143] 于涛. 中国的经济增长、收入差别变动与城市贫困 [J]. 财贸研究, 2019 (5): 1-12.

[144] 郑长德, 陈田. 经济增长、产业结构变迁与贫困治理

[J]. 西南民族大学学报（人文社会科学版），2019（6）：113－121.

[145] 孙伯驰，曹景林. 社会资本异质性与农村减贫成效差异[J]. 商业研究，2020（1）：35－44.

[146] 宋文飞，韩先锋. 生态保护边界、社会资本与贫困县农村收入差异[J]. 财经科学，2020（3）：107－119.

[147] Agénor P. Does globalization hurt the poor? [J]. International Economics and Economic Policy, 2004（1）: 21－51.

[148] Besley T and R Burgess. Halving Global Poverty [J]. The Journal of Economic Perspectives, 2003（17）: 3－22.

[149] Honglin Zhang. Does international investment help poverty reduction in China? [J]. Chinese Economy, 2006（39）: 79－90.

[150] 张全红，张建华. 外国直接投资对我国城镇贫困的影响[J]. 国际贸易问题，2007（9）：80－86.

[151] Gohou G and I Soumaré. Does foreign direct investment reduce poverty in Africa and are there regional difference? [J]. World Development, 2012（40）: 75－95.

[152] 陈俊聪，张瑾. 对外直接投资的减贫效应及门槛特征：基于空间异质性分析[J]. 南京社会科学，2018（1）：28－34.

[153] 陈立中，张迪. 贸易自由化与我国城市贫困之间的关系[J]. 国际贸易问题，2009（1）：32－38.

[154] 李小云，于乐荣，齐顾波. 2000—2008年中国经济增长对贫困减少的作用：一个全国和分区域的实证分析[J]. 中国农村经济，2010（4）：4－11.

[155] 葛顺奇，刘晨，罗伟. 外商直接投资的减贫效应：基于流动人口的微观分析[J]. 国际贸易问题，2016（1）：82－92.

[156] 范娇娇，盖庆恩，史清华. 农产品贸易开放减少贫困了吗——基于微观农户数据的实证研究[J]. 国际贸易问题，

2020（9）：17－32.

［157］郭熙保，罗知．贸易自由化、经济增长与减轻贫困——基于中国省级数据的经验研究［J］．管理世界，2008（2）：15－24.

［158］刘渝琳，林永强．FDI与中国贫困变动非线性关系研究［J］．经济科学，2011（6）：90－102.

［159］陈思宇，陈斌开．贸易、就业与中国农村贫困［J］．改革，2020（9）：80－93.

［160］王汉杰，温涛，韩佳丽．深度贫困地区农户借贷能有效提升脱贫质量吗？［J］．中国农村经济，2020（8）：54－68.

［161］张凤华，叶初升．经济增长、产业结构与农村减贫——基于省际面板数据的实证分析［J］．当代财经，2011（12）：14－21.

［162］冯铁拴．产业精准扶贫财税激励政策反思与法治进阶［J］．当代经济管理，2018（12）：70－76.

［163］汪三贵，胡联．产业劳动密集度、产业发展与减贫效应研究［J］．财贸研究，2014（3）：1－5.

［164］单德朋，王英，郑长德．专业化、多样化与产业结构减贫效应的动态异质表现研究［J］．中国人口·资源与环境，2017，27（7）：157－168.

［165］谭昶，吴海涛，黄大湖．产业结构、空间溢出与农村减贫［J］．华中农业大学学报（社会科学版），2019（2）：8－17.

［166］张萃．中国经济增长与贫困减少——基于产业构成视角的分析［J］．数量经济技术经济研究，2011（5）：51－63.

［167］贺海波．产业扶贫的空间政治与贫困农民的前途［J］．北京工业大学学报（社会科学版），2020（6）：45－55.

［168］黄承伟，覃志敏．贫困地区统筹城乡发展与产业化扶

贫机制创新［J］. 农业经济问题，2013（5）：51－55.

［169］张秀萍，杨海韵，王利艳. 产业转移对民族地区贫困治理的作用研究［J］. 民族研究，2020（1）：30－42.

［170］Beck，T.，Demirgiig－Kunt A. and Levine，R. Finance Inequality and the Poor［J］. Journal of Economic Growth，2007（12）：27－49.

［171］杨俊，王燕，张宗益. 中国金融发展与贫困减少的经验分析［J］. 世界经济，2008（8）：62－76.

［172］苏基溶，廖进中. 中国金融发展与收入分配、贫困关系的经验分析［J］. 财经科学，2009（12）：10－16.

［173］丁志国，谭伶俐，赵晶. 农村金融对减少贫困的作用研究［J］. 农业经济问题，2011（11）：72－77.

［174］林建，廖杉杉. 民族地区财政金融政策的反贫困效应研究［J］. 中国人口·资源与环境，2014（9）：110－117.

［175］姚耀军，李明珠. 中国金融发展的反贫困效应：非经济增长视角下的实证检验［J］. 上海财经大学学报，2014（1）：69－76.

［176］马彧菲，杜朝运. 普惠金融指数测度及减贫效应研究［J］. 经济与管理研究，2017（5）：45－53.

［177］刘金全，毕振豫. 普惠金融发展及其收入分配效应［J］. 经济与管理研究，2019（4）：37－46.

［178］王汉杰，温涛，韩佳丽. 贫困地区农村金融减贫的财政政策协同效应研究，财经理论与实践，2020（1）：93－99.

［179］崔艳娟，孙刚. 金融发展是贫困减缓的原因吗？［J］. 金融研究，2012（11）：116－127.

［180］车树林，顾江. 包容性金融发展对农村人口的减贫效应［J］. 农村经济，2017（4）：42－48.

［181］韩晓宇. 普惠金融的减贫效应——基于中国省级面板

数据的实证分析 [J]. 金融评论, 2017 (2): 69-82.

[182] 师荣蓉, 徐璋勇, 赵彦嘉. 金融减贫的门槛效应及其实证检验 [J]. 中国软科学, 2013 (3): 32-41.

[183] 罗斯丹, 陈晓, 姚悦欣. 我国普惠金融发展的减贫效应研究 [J]. 当代经济研究, 2016 (12): 84-93.

[184] 王汉杰, 温涛, 韩佳丽. 贫困地区农村金融减贫的产业结构门槛效应 [J]. 财经科学, 2018 (9): 26-37.

[185] 谭燕芝, 彭千芮. 金融能力、金融决策与贫困 [J]. 经济理论与经济管理, 2019 (2): 62-77.

[186] 吴本健. 扶贫贴息制度改革与"贫困瞄准": 理论框架和经验证据 [J]. 财经研究, 2014 (8): 106-118.

[187] 傅鹏, 张鹏. 农村金融发展减贫的门槛效应与区域差异——来自中国的经验数据 [J]. 当代财经, 2016 (6): 55-64.

[188] 龚沁宜, 成学真. 数字普惠金融、农村贫困与经济增长 [J]. 甘肃社会科学, 2018 (6): 139-145.

[189] 顾宁, 张甜. 普惠金融发展与农村减贫: 门槛、空间溢出与渠道效应 [J]. 农业技术经济, 2019 (10): 74-90.

[190] 朱一鸣, 王伟. 普惠金融如何实现精准扶贫? [J]. 财经研究, 2017 (10): 43-54.

[191] 王仁祥, 王婧. 县域视角下的贫困、金融发展与经济增长 [J]. 经济理论与经济管理, 2017 (1): 84-94.

[192] 傅鹏, 张鹏, 周颖. 多维贫困的空间集聚与金融减贫的空间溢出——来自中国的经验证据 [J]. 财经研究, 2018 (2): 115-126.

[193] 张兵, 翁辰. 农村金融发展的减贫效应——空间溢出和门槛特征 [J]. 农业技术经济, 2015 (9): 37-47.

[194] 傅鹏, 张鹏. 农村金融发展减贫的门槛效应与区域差异 [J]. 当代财经, 2016 (6): 55-64.

[195] 谭燕芝，彭千芮．普惠金融发展与贫困减缓：直接影响与空间溢出效应［J］．当代财经，2017，32（6）：75－84．

[196] 王爱萍，胡海峰，张昭．金融发展对收入贫困的影响及作用机制再检验［J］．农业技术经济，2020（3）：70－83．

[197] 梁柠欣．市场转型、社会资本与城市居民的贫困缓解：以广州和兰州的贫困居民为例［J］．南方人口，2009（4）：19－26．

[198] 唐红涛，郭凯歌，张俊英．电子商务与农村扶贫效率：基于财政投入、人力资本的中介效应研究［J］．经济地理，2018（11）：50－58．

[199] 韩佳丽．贫困地区农村劳动力流动减贫的路径比较研究［J］．中国软科学，2019（12）：43－52．

[200] 叶初升，罗连发．社会资本、扶贫政策与贫困家庭福利——基于贵州贫困地区农村家户调查的分层线性回归分析［J］．财经科学，2011（7）：100－109．

[201] 刘欢．人力资本投入对农村贫困家庭的减贫效应分析［J］．经济经纬，2017（9）：43－48．

[202] 陶爱萍，常丹砚，蒯鹏．包容性创新减贫效应研究［J］．统计与决策，2019（22）：97－100．

[203] 罗连发，叶初升．社会资本、技术采用与扶贫政策质量［J］．财经科学，2015（2）：100－110．

[204] 熊雪，聂凤英，毕洁颖．贫困地区农户培训的收入效应［J］．农业技术经济，2017（6）：97－107．

[205] 李晓嘉，蒋承．农村减贫：应该更关注人力资本还是社会资本？［J］．经济科学，2018（5）：68－80．

[206] Henderson V. The urbanization process and economic growth: The so－what question［J］. Journal of Economic Growth, 2003, 8（1）: 47－71.

［207］Shahbaz M. & N. Aamir. Urbanization and poverty reduction：A case study of Pakistan［J］. Journal of Infrastructure，2010 (8)：23 –37.

［208］戈大专，龙花楼，屠爽爽，李裕瑞．新型城镇化与扶贫开发研究进展与展望［J］．经济地理，2016（4）：22 –28.

［209］崔艳娟．金融发展、城镇化与贫困减缓［J］．兰州学刊，2014（8）：152 –158.

［210］李萌，杨龙．农村贫困、收入不平等与城镇化关系的实证研究——基于2000—2012年省际面板数据［J］．统计与信息论坛，2014（6）：68 –73.

［211］王玉玲，程瑜．新型城镇化对缓解贫困的作用［J］．城市问题，2019（11）：30 –37.

［212］崔万田，何春．城镇化的农村减贫效应：理论机制与实证检验［J］．经济科学，2018（4）：89 –102.

［213］何春，刘荣增．城市更新的减贫效应研究［J］．经济经纬，2019（6）：40 –46.

［214］何春，崔万田．城镇化的减贫机制与效应——基于发展中经济体视角的经验研究［J］．财经科学，2017（4）：52 –64.

［215］何春，崔万田．城镇化的减贫效应——基于发展中国家的实证检验［J］．城市问题，2017（7）：9 –17.

［216］张博胜，杨子生．中国城镇化的农村减贫及其空间溢出效应［J］．地理研究，2020（7）：1592 –1608.

［217］Scheyvens，R.，Russell，M. Tourism and poverty alleviation in Fiji：Comparing the impacts of small and large – scale tourism enterprises［J］. Journal of Sustainable Tourism，2012，20（3）：417 –436.

［218］Spencele，A.，Meyer，D. Tourism and poverty reduction：Theory and practice in less economically developed countries

[J]. Journal of Sustainable Tourism, 2012, 20 (3): 297 – 317.

[219] Mekawy, M. A. Smart tourism investment: Planning pathways to break the poverty cycle [J]. Tourism Review International, 2015, 18 (14): 253 – 268.

[220] Croes, R., Vanegas, M. S. Cointegration and causality between tourism and poverty reduction [J]. Journal of Travel Research, 2008, 47 (1): 94 – 103.

[221] Vanegas M. S., Gartner W., Senauer, B. Tourism and poverty reduction: An economic sector analysis for Costa Rica and Nicaragua [J]. Tourism Economics, 2015, 21 (1): 159 – 182.

[222] 赵磊，吴媛. 中国旅游业与农村贫困减缓：事实与解释 [J]. 南开管理评论，2018，21 (6)：142 – 155.

[223] Kim, N., Song, H. J., Ju, H. P. The relationship among tourism, poverty, and economic development in developing countries: A panel data regression analysis [J]. Tourism Economics, 2016, 22 (6): 1174 – 1190.

[224] Croes, R., Rivera, M. A. Tourism's potential to benefit the poor: A social accounting Matrix model applied to ecuador [J]. Tourism Economics, 2017, 23 (1): 29 – 48.

[225] 孟秋莉. 贫困人口视角下的旅游扶贫经济效应研究 [J]. 统计与决策，2018 (14)：107 – 111.

[226] Saayman, M., Rossouw, R., Krugell, W. The impact of tourism on poverty in South Africa [J]. Development Southern Africa, 2012, 29 (3): 462 – 487.

[227] Mahadevan, R., Amir, H., Nugroho, A. Regional impacts of tourism – led growth on poverty and income inequality: A dynamic general equilibrium analysis for Indonesia [J]. Tourism Economics, 2017, 23 (3): 614 – 631.

［228］郭华，杨玉香．可持续乡村旅游生计研究综述［J］．旅游学刊，2020（9）：134－148.

［229］王凯，林惠，甘畅，邓楚雄．集中连片特困区旅游扶贫效率与经济发展水平的时空耦合关系［J］．经济地理，2020（2）：200－208.

［230］郭鲁芳，李如友．旅游减贫效应的门槛特征分析及实证检验——基于中国省际面板数据的研究［J］．商业经济与管理，2016（6）：81－91.

［231］赵磊，张晨．旅游业与贫困减缓：基于国外经济学文献的述评［J］．旅游科学，2018（4）：31－46.

［232］赵磊，张晨．旅游减贫的门槛效应及其实证检验［J］．财贸经济，2018（5）：130－145.

［233］鞠晴江，庞敏．道路基础设施影响区域增长与减贫的实证研究［J］．经济体制改革，2006（4）：145－147.

［234］郭劲光，高静美．我国基础设施建设投资的减贫效果研究：1987—2006［J］．农业经济问题，2009（9）：63－71.

［235］Juan P B S，Danierl R O H. Transport accessibility and social inequities：A tool for identification of mobility needs and evaluation of transport investments［J］. Journal of Transport Geography，2012（24）：142－154.

［236］王武林，黄晓燕，曹小曙.1980—2010年中国集中连片特困地区公路可达性演化研究［J］．地理科学，2016，36（1）：29－38.

［237］戢晓峰，刘丁硕．基于3D理论与SEM的县域交通可达性与空间贫困的耦合机制［J］．长江流域资源与环境，2018，27（7）：1467－1477.

［238］谢申祥，刘生龙，李强．基础设施的可获得性与农村减贫——来自中国微观数据的经验分析［J］．中国农村经济，

2018（5）：112－131.

［239］侯秀英，邱荣祖，林玉英，王剑凯，胡喜生．交通可达性反贫困作用的空间分异分析——以福建省为例，资源科学，2019，41（11）：2094－2106.

［240］兰峰，陈哲，甄雯．人口迁移与城乡基础设施配置的时空减贫效应研究［J］．财经问题研究，2019（11）：113－120.

［241］王建康，魏雯，马建飞，郭敏．农村公路规模与结构因素在贫困地区影响的经验证据［J］．经济问题，2020（1）：87－94.

［242］王丽华．贫困人口分布、构成变化视阈下农村扶贫政策探析［J］．公共管理学报，2011（2）：72－78.

［243］王丽华．基于地缘性贫困的农村扶贫政策分析［J］．农业经济问题，2011（6）：47－53.

［244］曲玮，涂勤，牛叔文，胡苗．自然地理环境的贫困效应检验——自然地理条件对农村贫困影响的实证分析［J］．中国农村经济，2012（2）：21－34.

［245］单德朋，郑长德，王英．贫困乡城转移、城市化模式选择对异质性减贫效应的影响［J］．中国人口·资源与环境，2015（9）：81－92.

［246］Minot and Baulch. Spatial patterns of poverty in vietnam and their implications for policy［J］．Food Policy，2005，30（6）：461－475.

［247］Kam，Hossain，Bose. Spatial patterns of rural poverty and their relationship with welfare influencing factors in Bangladesh［J］．Food Policy，2005，30（6）：551－567.

［248］Amarasinghe，Samad，Anputhas. Spatial clustering of rural poverty and food insecurity in Sri Lanka［J］．Food Policy，2005，30（6）：495－509.

[249] 李绍平，李帆，董永庆．集中连片特困地区减贫政策效应评估 [J]．改革，2018 (12)：142－155.

[250] Adeola and Awoyemi. Spatial dimension of poverty in rural Nigeria [J]. Journal of Development and Agricultural Economics, 2010, 2 (6): 231－244.

[251] Lanjouw, Marra and Nguyen. Vietnam's evolving poverty map patterns and implications for policy [J]. Social Indicators Research, 2013, 133 (1): 1－50.

[252] 袁媛，古叶恒，陈志灏．中国城市贫困的空间分布差异特征 [J]．地理科学进展，2016，35 (2)：195－203.

[253] 赖小妹，徐明．中央扶贫资金投入的减贫效应与益贫机制研究 [J]．统计与决策，2018 (24)：129－133.

[254] Crandall and Weber. Local social and economic conditions, spatial concentrations of poverty, and poverty dynamics [J]. American Journal of Agricultural Economics, 2004, 86 (5): 1276－1281.

[255] Palmerjones and Sen. It is where you are that matters: the spatial determinants of rural poverty in India [J]. Agricultural Economics, 2006, 34 (3): 229－242.

[256] 苏畅．"精准扶贫"中财政政策效应的实证分析 [J]．经济与管理评论，2018 (6)：133－142.

[257] 汪德根，沙梦雨，赵美风．国家级贫困县脱贫力空间格局及分异机制 [J]．地理科学，2020 (7)：1072－1081.

[258] 沈能，赵增耀．农业科研投资减贫效应的空间溢出与门槛特征 [J]．中国农村经济，2012 (1)：69－79，96.

[259] Zewdie, Aidi and Sartono. Spatial econometric model of poverty in Java Island [J]. American Journal of Theoretical and Applied Statistics, 2015, 4 (6): 420－425.

[260] 廖桂蓉，盛伟．藏区农牧民人均纯收入空间分布差异

的实证分析［J］. 农村经济，2015（4）：60－63.

［261］盛伟，廖桂蓉. 深度贫困地区经济增长的空间关联与减贫的外溢效应［J］. 财经科学，2019（2）：63－73.

［262］范子英，高跃光. 财政扶贫资金管理、支出激励与人力资本提升［J］. 财政研究，2019（3）：14－29.

［263］杨振山，荆瑛. 国家财政扶贫资金是"祝福"还是"诅咒"？［J］. 地域研究与开发，2020（5）：116－120.

［264］王晓芳，谢贤君. 财政分权是否有助于降低农村贫困水平［J］. 财经科学，2018（3）：55－66.

［265］崔景华，李万甫，谢远涛. 基层财政支出配置模式有利于农户脱贫吗［J］. 财贸经济，2018（2）：21－35.

［266］毛军，李子豪. 需求结构转变与中国环境污染治理的实证研究［J］. 经济经纬，2019（1）：134－141.

［267］张伟宾，汪三贵. 扶贫政策、收入分配与中国农村减贫［J］. 农业经济问题，2013（2）：66－75.

［268］邓维杰. 精准扶贫的难点、对策与路径选择［J］. 农村经济，2014（6）：78－81.

［269］汪三贵，郭子豪. 论中国的精准扶贫［J］. 贵州社会科学，2015（5）：147－150.

［270］葛志军，邢成举. 精准扶贫：内涵、实践困境及其原因阐释［J］. 贵州社会科学，2015（5）：167－163.

［271］唐丽霞，罗江月，李小云. 精准扶贫机制实施的政策和实践困境［J］. 贵州社会科学，2015（5）：151－156.

［272］左停，杨雨鑫，钟玲. 精准扶贫：技术靶向、理论解析和现实挑战［J］. 贵州社会科学，2015（8）：156－162.

［273］王国勇，邢溦. 我国精准扶贫工作机制问题探析［J］. 农村经济，2015（9）：46－49.

［274］宫留记. 政府主导下市场化扶贫机制的构建与创新模

式研究［J］. 中国软科学，2016（5）：154－162.

［275］许锋华，王晨. 美国教育扶贫政策述评［J］. 教育探索，2017（3）：120－125.

［276］王瑜，叶雨欣. 20世纪以来美国基础教育扶贫政策公平价值观述评［J］. 广西师范大学学报（哲学社会科学版），2019（3）：132－139.

［277］葛锦晶. 基于中美比较的中国医疗卫生体制改革新思路［J］. 经济问题探索，2009（6）：39－42.

［278］卫松，雷祎. 中美医疗卫生体制改革比较及启示［J］. 前沿，2018（1）：99－106.

［279］郝宇彪，郭林. 社会保障制度是政府债务风险凸显的原因吗？［J］. 国外社会科学，2016（4）：97－106.

［280］夏艳玲，胡海波. 美国社会保障中政府职责调整研究［J］. 经济研究参考，2016（70）：98－101.

［281］高如峰. 农村义务教育财政体制比较：美国模式与日本模式［J］. 教育研究，2003（5）：64－70.

［282］包金玲. 日本义务教育经费国库负担制改革方向［J］. 教育与经济，2009（4）：52－56.

［283］李三秀. 日本医疗保障制度体系及其经验借鉴［J］. 财政科学，2017（6）：92－108.

［284］杨琴，余梦凝. 日本医疗领域的个人信息保护［J］. 贵州社会科学，2017（8）：53－58.

［285］邓剑伟，杨艳，杨添安. 如何实施医疗服务质量第三方评价［J］. 中国行政管理，2018（2）：143－148.

［286］张运书，潘淑娟. 目标与范式：日本农村社会保障制度之借鉴［J］. 经济理论与经济管理，2011（3）：98－103.

［287］林晓宁，徐图. 城镇化背景下日本农村社会保障制度对我国的启示［J］. 税务与经济，2015（3）：61－63.

[288] 孙伦轩，陈·巴特尔．试论印度高等教育转型中的政府作用 [J]．高教探索，2018 (2)：60－64.

[289] 王建梁，赵鹤．从“管理”到“治理”：印度独立以来教育治理的演变、特色及问题 [J]．华中师范大学学报（人文社会科学版），2019 (4)：161－169.

[290] 张乐．印度社会保障体系概述 [J]．南亚研究，2006 (2)：112－117.

[291] 李琼．印度医疗保障体系公平性分析 [J]．经济评论，2009 (4)：120－127.

[292] 秦永红，张伟．印度社会保障制度改革及其对我国的启示 [J]．南亚研究，2011 (2)：48－55.

[293] 吴伟东．印度社会保障国际合作的实践及其启示 [J]．中国行政管理，2012 (7)：95－98.

[294] 高静．印度社会保障的政治理念及设计路径 [J]．南亚研究，2014 (4)：139－157.

[295] 樊丽明，郭健．城乡基本公共服务均等化的国际比较：进程与经验 [J]．中央财经大学学报，2012 (7)：1－8.

[296] 郑秉文．“中等收入陷阱”与中国发展道路——基于国际经验教训的视角 [J]．中国人口科学，2011 (1)：2－15，111.

[297] 傅松涛，赵建玲．美国城乡教育机会均等与“农村教育成就项目” [J]．外国教育研究，2006 (3)：35－39.

[298] 张奎力．发达国家的农村医疗卫生制度及其对我国的启示 [J]．社会保障研究，2010 (1)：73－78.

[299] 李文英，史景轩．日本义务教育均衡发展的实现途径 [J]．比较教育研究，2010 (9)：38－42.

[300] 周正祥，张秀芳，张平．新常态下 PPP 模式应用存在的问题及对策 [J]．中国软科学，2015 (9)：82－95.

[301] 周艳，侯石安，胡联．财政专项扶贫的减贫效应分析

[J]. 财贸研究, 2018 (7): 55-66.

[302] Moreno-Dodson B, Wodon Q. Public finance for poverty reduction: Concepts and case studies from Africa and Latin America [M]. Munich: Munich Personal RePEc Archive, 2008.

[303] 徐爱燕, 沈坤荣. 财政支出减贫的收入效应 [J]. 财经科学, 2017 (1): 116-122.

[304] 林伯强. 中国的政府公共支出与减贫政策 [J]. 经济研究, 2005 (1): 27-37.

[305] 闫坤, 于树一. 公共财政减贫的理论分析与政策思路 [J]. 财贸经济, 2008 (4): 61-67.

[306] 吕炜, 刘畅. 中国农村公共投资、社会性支出与贫困问题研究 [J]. 财贸经济, 2008 (5): 61-69.

[307] 王志涛, 王艳杰. 政府公共支出与农村减贫关系的实证研究 [J]. 财贸研究, 2012 (6): 60-64.

[308] 向东. 消除贫困必须加强农村社会保障制度建设 [J]. 经济问题探索, 2002 (6): 106-109.

[309] 吕玮. 中国农村公共投资、社会性支出与贫困问题研究 [J]. 财贸经济, 2008 (5): 61-69.

[310] 刘穷志. 转移支付激励与贫困减少——基于 PSM 技术的分析 [J]. 中国软科学, 2010 (9): 8-15.

[311] 刘俊英. 中国政府民生服务及其减贫效应分析 [J]. 经济问题探索, 2013 (9): 21-26.

[312] 唐善永, 李丹. 政府间转移支付可能诱导民族扶贫县财政收入负面激励 [J]. 现代财经, 2014 (3): 44-54.

[313] 曾福生, 曾小溪. 基本公共服务减贫实证研究——以湖南省为例 [J]. 农业技术经济, 2013 (8): 4-11.

[314] 李丹, 刘小川. 政府间财政转移支付对民族扶贫县财政支出行为影响的实证研究 [J]. 财经研究, 2014 (1): 4-15.

[315] 王娟，张克中．公共支出结构与农村减贫——基于省级面板数据的证据 [J]. 中国农村经济，2012 (1)：31-42.

[316] 刘玮．公共支出视阈的中国城市减贫效应分析 [J]. 经济体制改革，2011 (6)：161-164.

[317] 杨晶．多维视角下农村贫困的测度与分析 [J]. 华东经济管理，2014 (9)：33-38.

[318] Fan, Shenggen Chan-Kang, Connie Qian, Keming and Krishnaiah, K. National and international agricultural research and rural poverty: The case of rice research in India and China [J]. Agricultural Economics, 2005, 33 (3): 369-379.

[319] 胡绍雨．财政投资对我国农村反贫困影响效应分析 [J]. 农村经济，2009 (4)：85-88.

[320] 秦建军，武拉平．财政支农投入的农村减贫效应研究——基于中国改革开放30年的考察 [J]. 财贸研究，2011 (3)：19-27.

[321] 陈卫洪．扶贫资金投入对农户家庭收入的影响分析 [J]. 农业技术经济，2013 (4)：35-42.

[322] 王文普，陈伟．财政农业支出结构对农业经济的增长效应 [J]. 华东经济管理，2008 (3)：45-49.

[323] 陈鸣，周发明．制度环境视阈下财政支农投入的减贫效应研究 [J]. 财经论丛，2017 (1)：29-38.

[324] Strulik H. Poverty, voracity, and growth [J]. Journal of Development Economics, 2012, 97 (2): 396-403.

[325] Fang Y F, Zou W. Neighborhood effects and regional poverty traps in rural China [J]. China & World Economy, 2014, 22 (1): 83-102.

[326] 王志涛，王艳杰．政府公共支出与农村减贫关系的实证研究 [J]. 财贸研究，2012 (6)：60-64.

[327] 邓宏亮．财政支农增长的空间外溢性及门槛效应分析[J]．财贸研究，2013 (5)：62-69.

[328] 邹文杰，冯琳洁．空间异质性、收入门槛与财政支农减贫效应 [J]．财经论丛，2015 (9)：18-26.

[329] 罗知．地方财政支出与益贫式经济增长——基于中国省际数据的经验研究 [J]．武汉大学学报（哲学社会科学版），2011 (3)：75-80.

[330] 秦建军，戎爱萍．财政支出结构对农村相对贫困的影响分析 [J]．经济问题，2012 (11)：95-98.

[331] 齐良书．新型农村合作医疗的减贫、增收和再分配效果研究 [J]．数量经济技术经济研究，2011 (8)：35-52.

[332] 李永友，沈坤荣．财政支出结构、相对贫困与经济增长 [J]．管理世界，2007 (11)：14-25.

[333] 邹文杰．医疗卫生服务均等化的减贫效应及门槛特征[J]．经济学家，2014 (8)：59-65.

[334] 高远东，温涛，王小华．中国财政金融支农政策减贫效应的空间计量研究 [J]．经济科学，2013 (1)：36-46.

[335] Ghatak M. Theories of poverty traps and anti-poverty policies [J]. The World Bank Economic Review, 2015, 91 (1): 77-105.

[336] 龚维进，覃成林，李超．中国财政支出的减贫效应——基于结构与空间视角 [J]．经济与管理研究，2018 (5)：24-37.

[337] 叶阿忠，吴继贵，陈生明．空间计量经济学 [M]．厦门：厦门大学出版社，2015.

[338] 吴本健，葛宇航，马九杰．精准扶贫时期财政扶贫与金融扶贫的绩效比较——基于扶贫对象贫困程度差异和多维贫困的视角 [J]．中国农村经济，2019 (7)：21-36.

[339] 刘建民，欧阳玲，毛军．财政教育支出的农村减贫效

应研究——基于网络空间结构的分析［J］. 财经理论与实践，2018（6）：64－68.

［340］Senia，N.，Godwell，N. Macroeconomics，adult education，and poverty eradication in Southern Africa［J］. International Review of Education，2006，52（3）：305－322.

［341］Bonal，X. On global absences：Reflections on the failings in the education and poverty relationship in Latin American countries［J］. International Journal of Educational Development，2007，27（1）：86－100.

［342］Hayami，Y.，Godo，Y. Development economics：From the poverty to the wealth of nations［M］. Oxford：The Oxford Press，2005.

［343］谢秀军. 公共财政对贫困地区的扶持及路径优化［J］. 改革，2013（8）：57－60.

［344］刘修岩，章元. 教育与消除农村贫困：基于上海市农户调查数据的实证研究［J］. 中国农村经济，2007（10）：61－68.

［345］杨俊，黄潇. 基于教育差距引致农村贫困的背景观察［J］. 改革，2010（3）：110－119.

［346］Castro－Lealf，Dayton J，Demery L. Public social spending in Africa：Do the poor benefit［J］. World Bank Research Observer，1999，14（1）：49－72.

［347］Fan，Shenggen Chan－Kang，Connie Qian，Keming，Krishnaiah，K. National and international agricultural research and rural poverty：The case of rice research in India and China［J］. Agricultural Economics，2005，33（3）：369－379.

［348］Mankiw，N. G..，Romer，P.，and Weil，D. N. A Contribution to the empirics of economic growth［J］. Quarterly Journal of

Economics, 1992, 107 (2): 407 - 437.

[349] 谢君君. 教育扶贫研究述评 [J]. 复旦教育论坛, 2012 (3): 66 - 71.

[350] Dollar, David, Aart, Kraay. Growth is good for the poor [J]. Journal of Economic Growth, 2002, 7 (3): 195 - 225.

[351] 杜凤莲, 孙婧芳. 贫困影响因素与贫困敏感性的实证分析 [J]. 经济科学, 2011 (3): 57 - 67.

[352] 姚洪心, 王喜意. 劳动力流动、教育水平、扶贫政策与农村收入差距 [J]. 管理世界, 2009 (9): 80 - 90.

[353] 单德朋. 教育效能和结构对西部地区贫困减缓的影响研究 [J]. 中国人口科学, 2012 (5): 84 - 94.

[354] 刘修岩, 章元, 贺小海. 教育与消除农村贫困: 基于上海市农户调查数据的实证研究 [J]. 中国农村经济, 2007 (10): 61 - 68.

[355] 邓宏亮, 黄太洋, 辛娜. 教育财政支出减贫效应的空间溢出与门槛特征 [J]. 教育学术学刊, 2015 (9): 50 - 61.

[356] 李盛基, 吕康银, 金凤龄. 财政教育支出减贫的空间溢出效应分析 [J]. 税务与经济, 2016 (6): 48 - 52.

[357] 刘军. 整体网分析——UCINET 软件实用指南 (第二版) [M]. 上海: 格致出版社, 2014: 8.

[358] Krueger, A. B., Lindahl, M. Education for growth: Why and for whom? [J]. Journal of Economic Literature, 2001, 39 (12): 1101 - 1136.

[359] Loayza, N. V., Raddatz, C. The composition of growth matters for poverty alleviation [J]. Journal of Development Economics, 2010, 93 (1): 137 - 151.

[360] Behrman, J. R., Birdsall, N. The quality of schooling: Quantity alone is misleading [J]. American Economic Review, 1983,

73 (5): 928 -946.

[361] 陈前恒，林海，郭沛. 贫困地区农村基础教育可及性与农民的主观幸福感 [J]. 中国人口科学，2011 (5): 94 -102.

[362] 叶初升，刘业飞，高考. 贫困陷阱的微观机制与实证研究述评 [J]. 经济学家，2012 (4): 21 -28.

[363] 李丹，裴育，陈欢. 财政转移支付是“输血”还是“造血”——基于国定扶贫县的实证研究 [J]. 财贸经济，2019 (6): 22 -39.

[364] 李晓嘉，蒋承，胡涟漪. 财政医疗卫生支出对中国健康多维贫困的影响研究 [J]. 中国人口科学，2020 (4): 84 - 97, 128.

[365] Cox D. Hansen B. E. and Jiminez E. How responsive are private transfers to income? Evidence from a laissez - faire economy [J]. Journal of Public Economics, 2004, 88 (9): 2193 -2219.

[366] 苏春红，解垩. 财政流动、转移支付及其减贫效率——基于中国农村微观数据的分析 [J]. 金融研究，2015 (4): 34 - 49.

[367] Brady. The welfare stateand relative povertyin rich western democracies: 1967 - 1997 [J]. Social Forces, 2005, 83 (4): 1329 -1364.

[368] Dimova & Wolff. Are private transfers poverty and inequality reducing? [J]. Journal of Comparative Economics, 2008, 36 (4): 584 -598.

[369] Gertler, Martinez & Rubio - Codina. Investing cash transfersto raise long - term living standards [J]. American Economic Journal Applied Economics, 2012, 4 (1): 164 -192.

[370] Skoufias & Maro. Conditional cash transfers, adult work incentives and poverty [J]. Journal of Development Studies, 2008

(7): 935-960.

[371] 樊丽明，解垩. 公共转移支付减少了贫困脆弱性吗? [J]. 经济研究，2014 (8): 67-78.

[372] Ravallion & Chen. Benefit incidence with incentive effects, measurement errors and latent heterogeneity: A case study for China [J]. Journal of Public Economics, 2015, 12 (8): 124-132.

[373] Lal & Sharma. Private household transfersand poverty alleviationin ruralIndia: 1998-1999 [J]. Margin the Journal of Applied Economic Research, 2009, 3 (2): 97-112.

[374] 宋颜群，解垩. 政府转移支付的扶贫效率、减贫效应及减贫方案选择 [J]. 当代经济科学，2020 (2): 1-15.

[375] 解垩. 公共转移支付和私人转移支付对农村贫困、不平等的影响: 反事实分析 [J]. 财贸经济，2010 (12): 56-61.

[376] 陈国强，罗楚亮，吴世艳. 公共转移支付的减贫效应估计——收入贫困还是多维贫困? [J]. 数量经济技术经济研究，2018 (5): 59-76.

[377] 解垩. 公共转移支付对再分配及贫困的影响研究 [J]. 经济研究，2017 (9): 103-116.

[378] 乔俊峰，陈荣汾. 转移支付结构对基本公共服务均等化的影响 [J]. 经济学家，2019 (10): 84-92.

[379] INCERA A C, FERNANDEZ M F. Tourism and income distribution: Evidence from an developed regional economy [J]. Tourism Management, 2015, 48 (6): 11-20.

[380] 文雁兵，郭瑞，史晋川. 用贤则理: 治理能力与经济增长 [J]. 经济研究，2020 (3): 18-34.

[381] 段迎君，傅帅雄. 财政分权、晋升激励与农村脱贫 [J]. 中国软科学，2020 (2): 73-81.

[382] 王雨磊，苏杨. 中国的脱贫奇迹何以造就? [J]. 管理

世界，2020（4）：195－208.

［383］张大鹏．旅游发展能减缓特困地区的贫困吗［J］．广东财经大学学报，2018（3）：87－96.

［384］HUNTER C. Sustainable tourism and the touristic ecological foot－print［J］. Environment Development and Sustainability，2002，4（1）：7－20.

［385］ANISIMOV A P，RYZHENKOV A Y. Specially protected nature territories and the development of ecological tourism［J］. Environmental Policy and Law，2013，43（6）：325－333.

［386］BANERJEE，CICOWIEZ，GACHOT. A quantitative framework for assessing public investment in tourism：An application to Haiti［J］. Tourism Management，2015，51（1）：157－173.

［387］CROES R. The role of tourism in poverty reduction：an empirical assessment［J］. Tourism Economics，2014，20（2）：207－226.

［388］CROES，RIVERA，Tourism's potential to benefit the poor：A social accounting matrix model applied to Ecuador［J］. Tourism Economics，2017，23（1）：29－48.

［389］KIM，SONG，JU. The relationship among tourism，poverty，and economic development in developing countries：A panel data regression analysis［J］. Tourism Economics，2016，22（6）：1174－1190.

［390］邓小海，曾亮，肖洪磊．我国扶贫旅游产业链优化研究［J］．世界地理研究，2015，24（3）：167－175.

［391］PATTERSON T M，NICCPLUCCI V，BASTIANONI S. Beyond "More is better"：Ecological footprint accounting for tourism and consumption in Val di Merse，Italy［J］. Ecological Economics，2006，62（3）：747－756.

[392] GSSLING S. Market integration and ecosystem degradation: Is sustainable tourism development in rural communities a contradiction in terms [J]. Environment, Development and Sustainability, 2003, 5 (3): 383 - 400.

[393] FREDERIC. Addressing the measurement of tourism in terms of poverty reduction: Tourism value chain analysis in Lao PDR and Mali [J]. International Journal of Tourism Research, 2014 (4): 368 - 376.

[394] MANUEL, WILLIAM. Tourism and poverty reduction: An economic sector analysis for Costa Rica and Nicaraguat [J]. Tourism Economics, 2015 (1): 159 - 182.

[395] LEPP A. Residents' attitudes towards tourism in Bigodi Village, Uganda [J]. Tourism Management, 2007, 28 (3): 876 - 885.

[396] ZUHAL, HUSEYIN. A critical theoretical evaluation on pro - poor tourism and poverty alleviation [J]. Mustafa Kemal University Journal of Social Sciences Institute, 2012, (17): 115 - 133.

[397] SPENCELEY, MEYER. Tourism and poverty reduction: Theory and practicein less economically developed countries [J]. Journal of Sustainable Tourism, 2012 (3): 297 - 317.

[398] ADAM B, JORGE S A. Thea and spatial heterogeneity [J]. Annals of Tourism Research, 2010, 37 (1): 180 - 205.

[399] SHARPLEY. Tourism and development challenges in the least developed countries: The case of the Gambia [J]. Current Issues in Tourism, 2009 (4): 337 - 358.

[400] DELLER. Rural poverty, tourism and spatial heterogeneity [J]. Annals of Tourism Research, 2010 (1): 180 - 205.

[401] HOLDEN A. Tourism and the green economy: A place for

an environmental ethic? [J]. Tourism Recreation Research, 2013, 38 (1): 3 - 13.

[402] 赵磊，方成，毛聪玲. 旅游业与贫困减缓——来自中国的经验证据 [J]. 旅游学刊，2018 (5): 13 - 25.

[403] ZENG B, RYAN C. Assisting the poor in China through tourism development: A review of research [J]. Tourism Management, 2012, 33 (2): 239 - 248.

[404] ERIC, NEELU. Tourism contribution to poverty alleviation in Kenya: A dynamic computable general equilibrium analysis [J]. Journal of Travel Research, 2017 (4): 1 - 12.

[405] ZHAO W. The nature and roles of small tourism businesses in poverty alleviation: Evidence from Guangxi [J]. Asia Pacific Journal of Tourism Research, 2009, 14 (2): 169 - 182.

[406] 王松茂，何昭丽，郭英之，郭安禧. 旅游减贫具有空间溢出效应吗? [J]. 经济管理，2020 (5): 103 - 119.

[407] 叶阿忠，吴继贵，陈生明. 空间计量经济学 [M]. 厦门：厦门大学出版社，2015.

[408] 李如友，郭鲁芳. 旅游减贫效应之辩——一个文献综述 [J]. 旅游学刊，2017 (6): 28 - 37.

[409] MAHADEVAN R, AMIR H, NUGROHO A. Regional impacts of tourism - led growth on poverty and income inequality: a dynamic general equilibrium analysis for Indonesia [J]. Tourism Economics, 2016, 23 (6): 614 - 631.

[410] Zhao W, Ritchie J R B. Tourism and poverty alleviation: An integrative research frame work [J]. Current Issues in Tourism, 2007, 10 (2 - 3): 119 - 143.

[411] Simpson M C. An integrated approach to assess the impacts of tourism on community development and sustainable livelihoods [J].

Community Development Journal, 2009, 44 (2): 186 - 208.

[412] Nyaupane G P, Poudel S. Linkages among biodiversity, livelihood and tourism [J]. Annals of Tourism Research, 2011, 38 (4): 1344 - 1366.

[413] Spenceley A, Meyer D. Tourism and poverty reduction: Theory and practice in less economically developed countries [J]. Journal of Sustainable Tourism, 2012, 20 (3): 297 - 317.

[414] Tarabini A, Jacovkis J. The poverty reduction strategy papers: An analysis of a hegemonic link between education and poverty [J]. International Journal of Educational Development, 2012, 32 (4): 507 - 516.

[415] Novignon J, Mussa R, et al. Health and vulnerability to poverty in Ghana: Evidence from the Ghana Living Standards Survey Round 5 [J]. Health Economics Review, 2012, 2 (1): 1 - 9.

[416] Liu L. Environmental poverty, a decomposed environmental Kuznets curve, and alternatives: Sustainability lessons from China [J]. Ecological Economics, 2012, 73 (15): 86 - 92.

[417] Li X. Examining the "relative image" of tourism destinations: A case study [J]. Current Issues in Tourism, 2012, 15 (8): 741 - 757.

[418] Coghlan A. Facilitating reef tourism management through an innovative importance performance analysis method [J]. Tourism Management, 2012, 33 (4): 767 - 775.

[419] Wang X, Zhen F, Zhang J, et al. Exploring factors influencing residents' satisfaction with tourism development in poverty - stricken areas: A case study of five poor villages in China [J]. Asia Pacific Journal of Tourism Research, 2014, 19 (5): 517 - 537.

[420] 李佳，钟林生，成升魁．民族贫困地区居民对旅游扶

贫效应的感知和参与行为研究：以青海省三江源地区为例［J］. 旅游学刊，2009，24（8）：71－76.

［421］梁明珠，易婷婷. 广东省城市旅游效率评价与区域差异研究［J］. 经济地理，2012，32（10）：158－164.

［422］梁流涛，杨建涛. 中国旅游业技术效率及其分解的时空格局——基于 DEA 模型的研究［J］. 地理研究，2012，31（8）：1422－1430.

［423］陈旭. IPA 分析法的修正及其在游客满意度研究的应用［J］. 旅游学刊，2013，28（11）：59－66.

［424］刘改芳，杨威. 基于 DEA 的文化旅游业投资效率模型及实证分析［J］. 旅游学刊，2013，28（1）：77－84.

［425］刘小鹏，苏胜亮，王亚娟，等. 集中连片特殊困难地区村域空间贫困测度指标体系研究［J］. 地理科学，2014，34（4）：447－453.

［426］王艳慧，钱乐毅，段福洲. 县级多维贫困度量及其空间分布格局研究：以连片特困区扶贫重点县为例［J］. 地理科学，2015，33（12）：1489－1497.

［427］王隽妮，万永坤，董锁成. 旅游业“挤出效应”与区域差异分析［J］. 资源科学，2015（3）：573－580.

［428］罗鲜荣，王玉强，保继刚. 旅游减贫与旅游再贫困：旅游发展中不同土地利用方式对贫困人口的影响［J］. 人文地理，2017（4）：121－128.

［429］孙九霞，黄凯洁，王学基. 基于地方实践的旅游发展与乡村振兴：逻辑与案例［J］. 旅游学刊，2020，35（3）：39－49.

［430］蒋莉，黄静波. 罗霄山区旅游扶贫效应的居民感知与态度研究——以湖南汝城国家森林公园九龙江地区为例［J］. 地域研究与开发，2015（8）：99－104.

［431］刘小珉．农户满意度视角的民族地区农村扶贫开发绩效评价研究：基于2014年民族地区大调查数据的分析［J］．民族研究，2016（2）：29－42.

［432］汪侠，甄峰，沈丽珍，吴小根．基于贫困居民视角的旅游扶贫满意度评价［J］．地理研究，2017（12）：2355－2368.

［433］吴珏，谢祥项，范士陈．国际旅游岛背景下海南旅游扶贫策略研究［J］．特区经济，2011（5）：160－161.

［434］张侨．旅游扶贫模式和扶贫效应研究——基于海南省贫困地区的调查数据分析［J］．技术经济与管理研究，2016（11）：124－128.

［435］侯冠平，张侨，金海龙．海南省旅游业规模经济及其制约因素分析［J］．地域研究与开发，2014（4）：106－111.

［436］孙九霞，徐新建，王宁，等．旅游对全面脱贫与乡村振兴作用的途径与模式［J］．自然资源学报，2021，36（10）：2604－2614.

［437］罗楚亮．经济增长、收入差距与农村贫困［J］．经济研究，2012（2）：15－26.

［438］文雁兵．包容性增长减贫策略研究［J］．经济学家，2015（4）：82－90.

［439］宋扬，王暖盈．生命周期视角下收入主导型多维贫困的识别与成因分析［J］．经济理论与经济管理，2019（3）：70－83.

［440］杨颖．经济增长、收入分配与贫困：21世纪中国农村反贫困的新挑战［J］．农业技术经济，2010（8）：12－18.

［441］夏庆杰，宋丽娜，Simon Appleton．经济增长与农村反贫困［J］．经济学（季刊），2010，9（3）：851－870.

［442］Balisacan，Arsenio M，Nobuhiko Fuwa. Growth，Inequality and Politics Revisited：A Developing－Country Case［J］. Economics Letters, 2003 (79): 53 -58.

[443] 胡兵，赖景生，胡宝娣．经济增长、收入分配与贫困缓解——基于中国农村贫困变动的实证分析 [J]. 数量经济技术经济研究，2007 (5): 33 -42.

[444] 林伯强．中国的经济增长、贫困减少与政策选择 [J]. 经济研究，2003 (12): 15 -25.

[445] Balisacan. Averting hunger and food insecurity in Asia [J]. Asian Journal of Agriculture and Development, 2004, 1 (1): 39 -60.

[446] 陈飞，卢建词．收入增长与分配结构扭曲的农村减贫效应研究 [J]. 经济研究，2014 (2): 101 -114.

[447] 陈立中．收入增长和分配对我国农村减贫的影响：方法、特征与证据 [J]. 经济学（季刊），2009, 8 (2): 711 -726.

[448] 许启发，蒋翠侠，刘玉荣．收入增长、分配公平与贫困减少 [J]. 统计研究，2011 (7): 27 -36.

[449] 陈立中，张建华．经济增长、收入分配与减贫进程间的动态联系 [J]. 中国人口科学，2007 (1): 53 -59.

[450] 杜凤莲，孙婧芳．经济增长、收入分配与减贫效应 [J]. 经济科学，2009 (3): 15 -26.

[451] 冯星光，张晓静．经济增长、收入分配与贫困规模变动相关性研究 [J]. 财经研究，2006 (4): 136 -144.

[452] 韩秀兰．个人所得税、减贫效应与居民收入增长的相对益贫性 [J]. 统计研究，2015 (2): 44 -50.

[453] 万广华，张茵．收入增长与不平等对我国贫困的影响 [J]. 经济研究，2006 (6): 112 -123.

[454] Park, A. and S. Wang. Community - based development and poverty alleviation: An evaluation of China's poor village invest-

ment program [J]. Journal of public economics, 2010 (94): 790 - 799.

[455] 江克忠，刘生龙．收入结构、收入不平等与农村家庭贫困 [J]．中国农村经济，2017 (8): 75 - 90.

[456] 刘一伟，汪润泉．收入差距、社会资本与居民贫困 [J]．数量经济技术经济研究，2017 (9): 75 - 92.

[457] 徐戈，陆迁，姜雅莉．社会资本、收入多样化与农户贫困脆弱性 [J]．中国人口·资源与环境，2019，29 (2): 123 - 133.

[458] Hansen B E. Threshold effects in non - dynamic panels: Estimation, testing, and inference [J]. Journal of Econometrics, 1999, 93 (2): 345 - 368.

[459] Kremer S, Bick A, Nautz D. Inflation and growth: New evidence from a dynamic panel threshold analysis [J]. Empirical Economics, 2013, 44 (2): 861 - 878.

[460] 毛军，刘建民．财税政策、城乡收入差距与中国居民消费的非线性效应研究 [J]．财经论丛，2016 (1): 19 - 28.

[461] 底瑜．当代中国反贫困战略的选择与重构 [J]．中国软科学，2005 (10): 42 - 50.

[462] 陈卫洪，谢晓英．扶贫资金投入对农户家庭收入的影响分析 [J]．农业技术经济，2013 (4): 35 - 42.

[463] 汪三贵，李文，李芸．我国扶贫资金投向及效果分析 [J]．农业技术经济，2004 (5): 45 - 49.

[464] 赵曦，熊理然，肖丹．中国农村扶贫资金管理问题研究 [J]．农村经济，2009 (1): 47 - 50.

[465] Montalvo and Ravallion. The pattern of growth and poverty reduction in China Original Research [J]. Journal of Comparative Economics, 2010, 38 (1): 2 - 16.

[466] 陈凡，杨越．中国扶贫资金对减缓贫困的作用 [J]. 农业技术经济，2003 (6)：1-5.

[467] 帅传敏，梁尚昆，刘松．国家扶贫重点县投入绩效的实证分析 [J]. 经济问题，2008 (6)：84-86.

[468] Currie J, Gahvari F. Transfers in cash and in-kind: Theory meets the data [J]. Journal of Economic Literature, 2008, 46 (2): 333-383.

[469] 朱乾宇．政府扶贫资金投入方式与扶贫绩效的多元回归分析 [J]. 中央财经大学学报，2004 (7)：11-15.

[470] 李盛基，吕康银，孙哗．中国扶贫资金支出结构的动态减贫效果研究 [J]. 技术经济与管理研究，2014 (8)：117-120.

[471] 李小云，唐丽霞，张雪梅．我国财政扶贫资金投入机制分析 [J]. 农业经济问题，2007 (10)：77-82.

[472] 张全红．中国农村扶贫资金投入与贫困减少的经验分析 [J]. 经济评论，2010 (2)：42-51.

[473] Ferreira, Leite and Ravallion. Poverty reduction without economic growth? Explaining Brazil's poverty dynamics 1985—2004 [J]. Journal of Development Economics, 2010, 93 (1): 20-36.

[474] 刘冬梅．中国政府开发式扶贫资金投放效果的实证研究 [J]. 管理世界，2011 (6)：126-131.

[475] 伍琴．公共投资对集中连片特困地区的扶贫机制研究 [J]. 江西社会科学，2014 (9)：69-74.

[476] 寇永红，吕博．财政扶贫资金绩效审计工作现状及改进措 [J]. 审计研究，2014 (4)：19-22.

[477] Richard, Adams. Economic growth, inequality and poverty: Estimating the growth elasticity of poverty [J]. World Development, 2004, 32 (12): 1989-2014.

[478] 赖玥，成天柱．财政扶贫的效率损失 [J]．经济问题，2014 (5)：33－37.

[479] 姜爱华．我国政府开发式扶贫资金投放效果的实证分析 [J]．中央财经大学学报，2008 (2)：13－18.

[480] 焦克源，吴俞权．农村专项扶贫政策绩效评估体系构建与运行 [J]．农村经济，2014 (9)：16－20.

[481] 张铭洪，施宇，李星．公共财政扶贫支出绩效评价研究 [J]．华东经济管理，2014 (9)：39－42.

[482] 高波，王善平．财政扶贫资金综合绩效评价体系研究 [J]．云南社会科学，2014 (5)：86－89.

[483] Tone. A Slack－based measure of super－efficiency in data envelopment analysis [J]. European Journal of Operational Research, 2001 (1)：32－41.

[484] 汪三贵．中国新时期农村扶贫与村级贫困瞄准 [J]．管理世界，2007 (1)：56－64.

[485] 刘穷志．公共支出归宿：中国政府公共服务落实到贫困人口手中了吗 [J]．管理世界，2007 (4)：60－67.

[486] 邹薇，张芬．农村地区收入差异与人力资本积累 [J]．中国社会科学，2006 (2)：67－79.

[487] 欧阳煌，李思，祝鹏飞．关于新时期财政扶贫治理困境及破解的思考 [J]．财政研究，2015 (12)：90－93.

[488] 方迎风，童光荣，邹薇．公共资本、私人投资与区域性贫困陷阱 [J]．经济评论，2015 (5)：70－83.

[489] 郑瑞强，王英．精准扶贫政策初探 [J]．财政研究，2016 (2)：17－24.

[490] 邹薇，方迎风．关于中国贫困的动态多维度研究 [J]．中国人口科学，2011 (6)：49－59.

[491] 张全红，张建华．中国的经济增长、收入不平等与贫

困的变动 [J]. 经济科学, 2007 (4): 15-24.

[492] 方迎风, 邹薇. 能力投资、健康冲击与贫困脆弱性 [J]. 经济学动态, 2013 (7): 36-50.

[493] 孙文中. 创新中国农村扶贫模式的路径选择——基于新发展主义的视角 [J]. 广东社会科学, 2013 (6): 207-213.

[494] 王善平, 高波. 财政扶贫资金公司化运作研究 [J]. 财经问题研究, 2012 (11): 78-82.

[495] 王敏, 方铸, 江淑斌. 精准扶贫视域下财政专项扶贫资金管理机制评估 [J]. 贵州社会科学, 2016 (10): 12-17.

[496] 陈忠言. 中国农村开发式扶贫机制解析 [J]. 经济问题探索, 2015 (2): 90-94.

[497] 林俐. 供给侧结构性改革背景下精准扶贫机制创新研究 [J]. 经济体制改革, 2016 (5): 190-194.

[498] 赵慧峰, 李彤, 高峰. 科技扶贫的"岗底模式"研究 [J]. 中国科技论坛, 2012 (2): 138-142.

[499] 黎攀, 方迎风. 减贫政策的选择与比较分析研究 [J]. 学术研究, 2016 (2): 103-110.

[500] 唐丽霞, 罗江月, 李小云. 精准扶贫机制实施的政策和实践困境 [J]. 贵州社会科学, 2015 (5): 151-156.

[501] 刘欣. 功能整合与发展转型: 精准扶贫视阈下的农村社会救助研究 [J]. 贵州社会科学, 2016 (10): 18-23.

[502] 林万龙, 李成威, 陆汉文, 曹洪民. 全面深化改革背景下中国特色社会扶贫政策的创新 [J]. 经济纵横, 2016 (6): 80-85.

[503] 赵曦, 赵朋飞. 我国农村精准扶贫机制构建研究 [J]. 经济纵横, 2016 (7): 58-63.

[504] 路锦非, 曹艳春. 支出型贫困家庭致贫因素的微观视角分析和救助机制研究 [J]. 财贸研究, 2011 (2): 86-91.

［505］张永丽，宋健．收入增长、收入分配与农村贫困——基于甘肃省微观调查数据的实证分析［J］．经济经纬，2017（6）：26－31．